羅森濤紀念專輯之一

從失心到一心

From NEVER-MIND to EVER-MIND

羅伯特‧羅森濤（Robert Rosenthal）◎著

王詩萌◎譯

目　次

若水推薦序

　　鮑勃・羅森濤醫師（Dr. Bob Rosenthal），乃心靈平安基金會的聯合主席，弱冠之年便與《奇蹟課程》結下了深厚的緣分。

　　根據原基金會會長茱麗的回憶，羅醫師與她的愛子喬納森從大學一開始就是室友，兩人形影不離。1976年，第一批《奇蹟課程》送達茱麗家裡不久，喬納森恰好邀羅森濤到他家一聚。他倆一進門就看到客廳中那一堆藍皮書；喬納森對此視若無睹，羅森濤卻不自覺地佇足於那堆書前，好奇地來回翻閱。告別之前，他靦腆地問茱麗：「我可以拿一本嗎？」茱麗很高興地說：「Of course ！」

　　羅醫師修習奇蹟之初，即與海倫、肯恩、比爾以及茱麗那群元老過從甚密，成了他們讀書會中最年輕的成員，親炙於四位個性迥異的奇蹟元老，故能多面且通透地了解奇蹟。基於他溫和退讓的性格，自然與跟他同樣溫和退讓且「不好為人師」的比爾最為親近。

　　比爾身為教授，卻視教學為畏途，常用雙關語婉拒別人的邀請：「我這位教授（professor）其實沒有什麼可教人的了（has nothing to profess）。」羅醫師在奇蹟團體中也很少以奇蹟教師自居，直到2016年，在茱麗的懇請下，才從醫療界退休，和茱麗之女共同接掌基金會。改換了角色的他，從此負起傳遞奇蹟信息的任務，並計畫在任職期間，完成他心內醞釀了數十年的夙願，將他臨床治療的經驗和奇蹟理念結合，寫出一系列「奇蹟課程的療癒原則」。

　　《奇蹟課程》曾把世界形容為「瘋人院」，它帶給世界的「奇蹟」，並非把我們直接送進天堂，而只是幫已被罪咎懼逼瘋的聖子恢復神智清明而已。

　　這正是羅醫師一生所面對的工作，無數創傷的心靈每天都在為他演出小我光怪陸離的樣板戲，恰好提供了一個奇蹟療癒的實驗場所。難怪羅醫師多次感嘆自己的幸運，一進入職場，就有機會師從比爾，讓他的治療工作得以超越心理的層次，在更深廣的奇蹟架構下，與病患一起獲得療癒。

　　我在茱麗家中跟羅醫師會面多次，他對於《奇蹟課程》在華人世界的發展表達了高度的關懷。故我在2021年就代表「奇蹟資訊中心」邀請他來華探訪，他欣然答應了。他知道我們華人團體一直接受肯恩思想的薰陶，故很坦誠地問：「我對奇蹟的認知與體驗比較接近比爾，你們可以接納嗎？」我說：「太好了！我們正需要這一平衡。」

* * * * * * * * *

　　雖然羅醫師和肯恩都是精神科醫師兼心理治療師，兩位都具備了紮實的心理知識與臨床經驗，但在分享自己對《奇蹟課程》的體驗時，風格確實很不一樣。肯恩扮演的是教師的角色，而羅醫師則比較傾向治療師的陪伴與聆聽。

　　兩者的風格差異，絕不限於性格所致，必然還有現實的因素使然。其實，肯恩比比爾更怕走上講台。他多次開玩笑地說，如果預知自己日後扮演的角色，他一定會躲到床底下。他當初之所以答應海倫，是因為當年海倫看到這部《課程》問世不久就受到扭曲，淪為新時代思想，便屢次向他哀嘆：「我可憐的『課程』！」（My poor Course, my poor Course ！）

　　肯恩終於抵不住海倫的催請，早早就離開了醫療界，擔起講解整部課程之責。他早年的解說重點**並非介紹《奇蹟課程》是多麼神奇的書**，而是向當年一頭熱的奇蹟學員澄清**《奇蹟課程》並不是你們想像的那種書**。由此可知，肯恩一生的教學任務，不是分享他個人的奇蹟體驗，而是為《課程》**正本清源**，力保耶穌信息的原汁原味。

　　我們明白了這部《課程》當時面臨的挑戰，便不難了解為什麼肯恩如此重視奇蹟的形上理念，因為若不釐清層次架構，辨別真假虛實，《奇蹟課程》必會落回新時代的陷阱，

把身體靈性化，愈修離心靈真相愈遠，又再掉入小我的「失心大計」。

肯恩曾說：「沒有佛洛伊德，大概就沒有《奇蹟課程》。」佛洛伊德對潛意識的研究，加上《奇蹟課程》對小我思想體系無情的剖析，使得肯恩對於小我瞞天過海的伎倆不敢掉以輕心。難怪我們會在他的教學記錄中，看到他在奇蹟路上不斷豎起路標，亮起紅燈，在每個坑坑巴巴的轉角處，向奇蹟後學發出警告：

「前有懸崖！」
「此路不通！」
「放慢腳步！」

* * * * * * * * *

雖然，羅醫師和比爾一樣迴避老師的角色。畢竟，他從第一個奇蹟讀書會開始，便在奇蹟四大元老的思辨氛圍中耳濡目染，自然對《奇蹟課程》的原始精神有了第一手的經驗；再加上數十年的臨床經驗，如此雙重因緣，使他對於「奇蹟的療癒」具有獨到的領會——融合了心理與奇蹟兩個層次，但這種融合並非平面性的，而是刻意將心理治療的二元思維拉到奇蹟的一體高度。

我們只要看看「奇蹟課程的療癒原則」系列三本書的

書名：《從失心到一心》、《從情愛到真愛》、《從恐懼到永恆》，便不難看出作者的**出發點以及目標**所在，他始終是從「凡夫的妄心」、「人間的情愛」以及「人心最深的恐懼」的現實層面出發，跟我們說故事，話家常，就在說說笑笑之際，突破讀者的心防，把我們領向「一心」、「真愛」與「永恆」的歸鄉之路。

讓我引述一下第二冊《從情愛到真愛》譯者王敬偉的譯後感：

> 以人際關係為修行道場的《奇蹟課程》，再加上羅醫師得天獨厚的背景，讓羅醫師對人性有了更深的透視，針對創傷與療癒之間的微妙關係，他所提供的見解特別具有臨床的有效性與實用性。
>
> 他在書中不只引用了大量的治療案例，也為我們診斷出一般人際關係下面隱藏的小我動力。故我覺得這是一部把心理學和奇蹟理念融合得非常成熟的作品，充滿了睿智與洞見，使得本課程不再那麼遙不可及，把我們的日常生活、社會經驗，甚至歷史事件都串連在一起了。
>
> 我最佩服的是，他把千奇百怪的小我心態描寫得如此細膩，讓讀者得以感同身受，而他的描述又帶著醫師的悲憫胸懷，讀者自然而然放下防衛的戒心，

願意面對內在的陰暗面而嘗試走出困境。

* * * * * * * * *

　　回想當年，我將羅醫師計畫訪華的消息轉告奇蹟學員時，好幾位弟兄興高采烈地開始策畫：帶他們去哪兒玩、品嚐哪家的美食。當我在羅醫師家報告這些行程規畫時，他的愛妻艾瑪在另一房間笑說：「光是聽你們的計畫，我就等不及了。」

　　未料到，時隔數月，艾瑪竟然罹患重病，訪華計畫只好暫時擱置。羅醫師在呵護愛妻時，不時感到暈眩，初時以為勞累所致。孰知，當艾瑪逐漸恢復後，羅醫師竟然被診斷出自己罹患了腦瘤。

　　那時，《從失心到一心》已經出版，《從情愛到真愛》接近殺青。在最後的半年，命如風中殘燭的他，自知來日無多，打起精神，將已經彙整成形的綱要加以編輯，最終完成了略嫌單薄的第三本書：《從恐懼到永恆》。

　　「從恐懼到永恆」的書名，道出了他最後的旅程——不只為人類指出了永恆的歸宿，也為自己的人生劃下了完美的句點。

　　「奇蹟資訊中心」為了彌補他與奇蹟華人失之交臂的遺

憾，決定將羅醫師的遺著「奇蹟課程的療癒原則」這一系列
翻譯出來，讓奇蹟學員得以在心靈層次與羅醫師「神交」。

　　為紀念羅醫師一生的貢獻，我們特將此系列著作改為
《羅森濤紀念專輯》。

　　最後，容我再引用第一冊《從失心到一心》的譯者王詩
萌的感言：

> 我是先識其人，再譯其書，猜想這樣溫柔敦厚之人
> 所寫的書，應該一樣是誠懇好讀的。果不其然。對
> 我來說，這是最大的意義。一個真誠的人想在書中
> 與你交心，把幾十年的人生經驗分享給你，寫了一
> 部「有溫度」的奇蹟。我想讀者見慣了「說教式」
> 的奇蹟書籍，讀到這樣的作品，必然會耳目一新。

若水誌於星塵軒 2023.7

獻給我的母親，薇薇安・格林伯格

您無私的關愛與支持成就了今天的我。身為全家第一個出書的您，為我樹立了寫作的榜樣，更把自己的智慧、溫暖、慈心奉獻給許許多多的人。媽，謝謝您，我的感激無以言表，真的。

此外，獻給茱麗・史考屈・惠特森

從某種層面來說，您也是我的母親，接引我學習《奇蹟課程》，為我指引前程，萬無一失，那數之不盡的靈性體驗與機遇，乃是我人生的甘露法雨。我何其有幸，能與您一同踏上這趟直抵永恆的「無程之旅」。

導　言

　　《奇蹟課程的療癒原則》系列共有三本，第一本《從失心到一心》，旨在將《奇蹟課程》的原則介紹給一般讀者。第二、第三本分別是《從情愛到真愛》和《從恐懼到永恆》，則更深入地探討《奇蹟課程》關於寬恕、特殊性、關係、內疚、攻擊、防衛、犧牲、愛、身體、疾病與療癒、死亡、施與受，以及聖靈的教導等等課題。

　　當然，寫作《奇蹟課程》導讀書籍絕非信手拈來的易事，說這部課程是世上最難闡釋的靈性學說，一點也不為過，它的宗旨固然簡單明瞭，無奈學員抵制心切，怎麼都聽不進去。

　　整部課程的教誨何其單純，「導言」三言兩語便已道盡精髓：

　　　　　　凡是真實的，不受任何威脅；
　　　　　　凡是不真實的，根本不存在。
　　　　　　上主的平安即在其中。（T-in.2:2~4）

　　《課程》以此為旨趣，分作〈正文〉、〈學員練習手冊〉、〈教師指南〉三部，洋洋灑灑1249頁（英文版），語境繁複，實則萬變不離其宗，全都是為了幫助學員契入精髓，進而應用於自身生活。

　　準此而言，奇蹟理念恰如一張全像照片，從中任意截取片段，皆可還原出完整的原始圖像；當中的每一章、每一課、每一段，乃至於言簡意賅的句子，單獨擇取出來，都足以折射整部《課程》的核心理念。為此，奇蹟導讀書籍也不得不亦步亦趨，翻來覆去跟著兜圈子。可是話又說回來，學習的本質不就是一再重複嗎？假如你無意間讀到《課程》「導言」這三句話，頓覺醍醐灌頂，把文句貼到社群平台與好友分享，也未必表示你真的有所收獲。有鑒於此，《奇蹟課程》反覆使用不同變奏來演繹同一主題，花樣百出，吊足胃口，把人兜得不亦樂乎，充滿新鮮感，每次心有所悟都彷彿得到了前所未有的新境地，足見《奇蹟課程》教學手段之高明。

* * * * * * * * *

　　《從失心到一心》是我正在寫作的奇蹟導讀系列的第一部。有些人聽過《奇蹟課程》之名，但對書中理念一無所知；有些人想要淺嚐一番，卻因晦澀文句或基督教術語很快就打了退堂鼓；有些「資深學員」則希望更上一層樓，或者

想了解如何用簡易好懂的語言把所學所知說給親朋好友。無論是哪一類讀者，相信這本書都能助以一臂之力。新學員或許會覺得某些觀念過於激進而吃不消，老學員則可能怪我蜻蜓點水，某些核心理念竟然只是草草帶過，甚至隻字未提。在此我要提醒各位，本書僅是系列導讀的第一部，還請耐心包涵。

《奇蹟課程》最初是以四卷平裝形態影印發行於1975年，正式的三卷精裝版是在後一年出版的。截至目前為止，全球已經售出三百多萬套，以英文版居多，二十六種外文譯本（數目仍在增加）的銷量大約佔了一百萬套。市面上專門討論奇蹟理念的書籍已有四百多本，大多是針對已經具備一定基礎的學員。有些導讀作品大量引用《課程》章句，走的是「以經解經」的路線；有些書籍則設法將《課程》濃縮為一些基本觀念，意在降低閱讀門檻，只不過，這樣容易讓人輕忽其他的重要觀念；還有幾套書是以逐段講解的方式帶領讀者深入〈正文〉和〈練習手冊〉。

我在寫作本書時，不想太依賴《課程》原文的用語和論述方式，而是希望另闢蹊徑，透過心理學、神經生物學、譬喻，以及日常經驗來闡釋全書的核心理念，先幫你釐清觀念，這樣等你回頭再讀《課程》時，便不會被奇蹟術語絆住腳步，畢竟它們有時候確實不好消化。我會用斜體〔譯註〕大

〔譯註〕中文譯本以楷體代替斜體。

量列出《課程》的原文，藉以回顧前文闡釋的觀念，一來起到補充說明的作用，二來也算是搭把手幫你理解和親近原文，僅此而已，所以基本上不會另作解析。我還在首尾兩章以外的章節裡，加入了專門的練習，幫你把所讀所學直接應用於個人生活。

有一件事要說在前頭，本書無意取代也不可能取代《課程》的教學方案；其中三昧，非要你親自領略不可。就好像拿著旅遊指南在國外走街串巷，欣賞異域文化和語言，而後帶著豐富的閱歷返鄉，抑或一再重遊，甚至旅居海外，安身立命。無論如何，那些旅遊指南都只能充當導覽之用而已。

* * * * * * * * *

不必諱言，《奇蹟課程》顯然有意澄清「拿撒勒的耶穌」在世期間所留下的教誨，釐清兩千年來的失真與扭曲，為世人揭示箇中真諦。為此，《課程》重新詮釋了許多常見的基督神學術語，比如**基督、上主之子、天堂、罪、寬恕**，乃至**十字架苦刑**，一一賦予全新的定義，在精神上，跟傳統基督教分道揚鑣，但同時卻與超越二元對立的東方修行體系不謀而合。整個世界觀可謂離經叛道，再加上內涵晦奧難明，高度挑戰了學員舊有的信念和偏見，把多少英雄好漢整得鼻青臉腫。我身為猶太人，最初接觸《課程》時同樣滿腹狐疑；至於從小受到天主教嚴格訓練的人士，內心的衝突恐

怕更是有過之而無不及了。

　　我在二十歲那年，經人介紹得知《奇蹟課程》這部曠世巨作。猶記得初讀之時，心中頗為猶豫，若非後來經歷了一些只能用「奇蹟」來形容的超凡體驗，恐怕也堅持不到現在。如今，我已年逾花甲，算起來已經斷斷續續操練了數十年之久，除了學習理念，更致力於表裡如一活出奇蹟的精神，夙夜匪懈，至今仍然樂在其中。通傳《課程》的那個「靈音」，曾經授命「心靈平安基金會」出版、發行，並且探討《課程》理念，而我最近剛剛接任基金會聯合會長一職，便在內心的感召下寫作此書，或可作為基金會研討奇蹟理念的拋磚之作，其中記錄了我數十年來的心得，在此與各位分享，實是我的榮幸。正所謂前人栽樹，後人乘涼，本書之成，亦是仰賴前人建樹，尤其是我的兩位導師，比爾‧賽佛和茱麗‧史考屈‧惠特森，他二人的言傳身教，令我今生受用無窮。

　　本書與《奇蹟課程》一脈相承，理念激進，力道強勁，極具顛覆力，不僅把你的人生攪得天翻地覆，更要一竿子打翻整個世界，將你送入迥然不同的心靈境界，永遠活在愛中，無有一絲恐怖。我在這裡先打個預防針，請你務必堅持讀到最後！有些觀念容或不易理解，甚至還故意挑戰底線，意圖把你的人生觀和世界觀掀個底朝天。我幾乎可以斷言，當你讀到一定階段，內心某個部分必會煩躁不已，甚至暴跳

如雷，然後鄭重警告，勸你別把這部課程太當一回事，裡面盡是些無稽之談，應當全盤拒收，拋諸腦後，連帶把這本書也扔進垃圾桶，或是送給仇人消受。

這表示你的小我已經按捺不住了，不惜扯下通情達理的偽裝，跳出來打人罵狗，喝令你別做得太過頭。果爾如此，反而見出你已百尺竿頭，大成在望，朝著奇蹟穩穩邁出了第一步，敞開心扉接受一條全新的道路，一條更好的路，一條**真正走得通**的途徑，正前往超然物外那種恆久的幸福與平安。為了你自己，為了那份守候於你生命深處的真愛，請你務必有始有終，堅持到底。

追逐幸福的遊戲

若說真有某件事能放諸四海而皆準，那就是：人人都渴望幸福，不僅希望自己快快樂樂，也祈願所愛之人過得平安順遂。可惜，即便人生處處稱心，事事如意，我們依舊會在生活中找出缺憾，總覺得**福無十全，好景不長**，感歎某件事若有不同的結局或發展，現在的日子肯定過得更舒心。然而，正如《奇蹟課程》所言，人總是在找，卻怎麼都找不到。世間最大的悲哀莫過於此。

我是醫學會認證的精神病學家和心理治療師，擁有三十

餘年臨床經驗，從業期間跟三教九流都打過交道。有的來訪者婚姻美滿卻疾病纏身，不然便是財務狀況堪憂；有的事業有成，擔任公司高級主管，無奈人際關係一塌糊塗，人與人之間毫無溫情與信賴，只有無窮無盡的衝突；有的被慢性病或各種疑難雜症折磨得心力交瘁，連起床微笑、目送孩子上學都要依靠堅強的意志力才能辦到；有的是守財奴或慈善家，功成名就，顧盼自雄，內心深處卻空虛至極。唉！試問誰能事事如意？我們只能這樣自我安慰，但人生真的僅此而已嗎？也許，我們**可以**活得稱心如意，只是所稱的心與所如的意並非如今所思所想，會不會是這樣呢？

你若向世人追問，他這一生的幸福究竟還欠缺了哪件事，我估計，99%的人都會**胸有成竹**，一語道出缺憾所在，我敢打賭，你也是其中之一。我亦曾如此，以前還專門學習過心想事成的形上法門：「**沒錯，你也可以隨心所欲地在生活中創造出自己想要的東西，方法非常簡單！**」而所謂的方法，不外乎正向思維：「**請在腦中觀想你所要的東西，每天堅持，最好寫下來，並且往裡頭注入光明，然後你就能得償所願了。**」噹噹噹噹！看哪，真的成功了——有時的確管用，有時瞎貓卻碰不上死耗子。然而，即使觀想應驗，收穫的快樂也無法長久，好像打地鼠遊戲，剛實現一個願望，另一個願望就會冒出來嗷嗷待哺。可見**我們並不清楚自己究竟要什麼**，貌似心中有數，實則一竅不通。根據《課程》的說法，人類其實無法真正認清最「切身」的需要為何，因為我

們自認為的「正身」只是一個冒牌貨。

　　無論財富抑或名聲，健康抑或長壽，成就抑或情愛，冒險抑或安穩，全都不足以保障人的幸福。誠然，以上任何一樣東西都能令你笑逐顏開，歡喜雀躍，但往往也僅是曇花一現而已。事功既定，很快便會淪為「明日黃花」，見怪不怪，再也激不起新鮮感，於是又有新的目標應運而生，召喚你重溫失落的喜悅。可惜，仰賴外物的快樂經不起考驗，突如其來的噩耗、事業倒退、婚外情曝光，都會把你打入谷底。縱然你這一生萬事亨通，最終依然難逃生老病死，更慘的是，你所認識和摯愛的人遲早也會一一就木。

　　這是何等淒涼的人生光景！各位朋友，我們真的只能如此苟且下去嗎？難道一切都是命中註定？不是說天無絕人之路嗎？那麼，快樂又為何總是如此難得又如此易逝？

尋找快樂，探索真理

　　十八世紀的德國詩人、全能型天才歌德，曾在他里程碑式的大作《浮士德》中與該議題正面交鋒。故事的主人公浮士德是一位對生活不滿、消極厭世的醫生，想要施展拳腳，卻始終鬱鬱不得志，於是跟魔鬼梅菲斯特交易，賭約是：如果梅菲斯特能帶給自己一次深刻而富於意義的體驗，讓他但

求此刻永無止期，他便交出自己的靈魂。說穿了，浮士德渴望轉瞬即逝之物能夠綿綿不絕。於是，魔鬼許他以權力、魔法、酒色、藝術，誘惑力十足，卻無一滿足他的心願，畢竟時空領域內並無足以讓時間定格、打開永恆之門的東西，魔鬼也一籌莫展。最後，浮士德在利他之際心生大歡喜，發出了但求此刻永恆不止的心願。這一念，表示他已覺悟到了神聖真理，使上主和眾天使下凡擊退梅菲斯特的魔爪，不僅解了浮士德的性命之虞，還將他提升到天堂之境。

法國作家普魯斯特在他長達七卷的大作《追憶似水年華》中，以細緻入微的優美筆觸講述一個平淡如水卻情感細膩的故事。主人公在情愛和社會地位中尋找幸福，最終一敗塗地，卻在散落於小說各處的某些瞬間，因為一些微不足道的觸動，感覺自己超脫時間的束縛，進入了永恆的境界，死亡的恐懼亦隨之消失無蹤（本書第三章對此多有著墨）。在人間尋找世俗定義的幸福註定徒勞無功，幸而紅塵之外另有乾坤，只要練就一雙慧眼，便知那境界近在咫尺，時候一到，就連不足掛齒的小事也足以帶你進入超脫之境，體會應得的幸福。

早在普魯斯特和歌德之前，有一個人也曾窺見幸福轉瞬即逝的脆弱本質，於是探尋超越之道，只不過他另闢蹊徑，這個人就是悉達多・喬達摩。悉達多是公元前六世紀生活在當今尼泊爾地區的一位太子，過著養尊處優的生活，擁有卓

越過人的父母（國王和王后）、溫良忠誠的朝臣、舒適的殿宇、高牆林立的華美宮城、美麗溫婉的妻子、聰明健康的孩子。他的人生可謂幸福滿盈，一無所缺。有一天，他決心溜出衛兵駐守的宮闕，去外面的世界探險。從小長輩便警告他切莫出城，但是好奇心驅使他不甘活在宮牆的庇護中，一心想開開眼界。那一天，悉達多太子在牆外的遭遇永遠改變了他的人生，為他日後的開悟埋下了種子，並且啟發了一套足以改變未來世代無數生命的教誨，便是今人所說的佛法。

那麼，悉達多太子在離開宛若天堂的皇宮以後，究竟看到了什麼？他目睹了一個病人、一位老人，還有一具屍體，亦即撞見了疾病、衰老、死亡的人生現實，證明他那伊甸園般美輪美奐的宮室都只是自欺欺人的幻景。既然如此，何苦久留？於是，他拋下父母妻兒，捨棄所有皇室特權，永遠離開了王宮，尋找一條「更好的路」，探索靈性的奧秘。歷經一次又一次的失敗之後，他終於找到了那條更好的路，在菩提樹下的甚深禪定中證得無上正等正覺，放下了悉達多的個我身分，成為永恆的佛。

佛陀教法的核心稱作四聖諦，前兩個聖諦直指快樂之所以不能長久的原因，容我在此為各位分解一二。第一個聖諦說，眾生皆苦，不能事事如意，總要遭苦受難。第二個解釋說，人間種種苦都源自於貪，只因心中有一塊空洞，不得不借用外在的人、事、物、成就等等來填補空虛，消饑解渴，

可惜都是白忙一場，因為眼前世界是找不到長久幸福的。然而，人類已然走投無路，像遭遇海難的水手一樣，渴不擇飲地狂吞海水，結果反而因為吸取了大量鹽分而脫水，令自己渴上加渴。世人皆然，以為只要追求到某樣東西、某個人或是某種經驗，便可重溫失落的幸福，其實也不過是愈喝愈渴而已。

真正的答案在你自己

《奇蹟課程》與佛陀這兩個聖諦若合符節，共同指出：憑人類的短淺見識，根本找不到永恆的平安、真愛、幸福。為什麼？因為我們盡是在錯誤的地方尋找愛，用海水來止渴，不知純淨水何在，甚至連**如何去找**都毫無頭緒，還不禁歎問：「真愛究竟存在與否？莫非那只是世人的幻想、民間的傳說？」這麼歎問，其實還沒問到節骨眼，一切的樞紐在於我連**「自己是誰都不知道」**。是的，你沒聽錯，我們之所以用錯誤的方法尋找幸福，純粹是因為我們連自己的生命本質都搞錯了，若非誤以為自己是海洋生物，怎麼會把海水當作有益生命的追求？

換一種說法，我們是被人調換了身分而不自知。若不從竊賊那裡取回正名（《課程》說是小我偷的），一味給目前

的假身分謀求幸福、真愛、平安、滿足，結果當然是竹籃打水。幸福必須奠基於真實，否則便是自欺欺人。《X檔案》中的穆德探員，總說真相就在「遠方」的轉角等著我們。其實，真相不在遠方，而在自心之中。

倘若連立論基礎都搞錯了，自然不可能得到正確的結論。假如你深信二加二等於五（因為你父親是這麼告訴你的，某位教授或政客是這樣宣導的，或是你的新「朋友」在臉書上如此聲稱），那麼，由此推導出的算式也只能是錯上加錯。再比如說，雄鷹若是執意活出鴕鳥的幸福，展翅高飛便永遠不會出現在選項當中，牠只會用爪子瘋狂刨地，倉皇奔走，尋找適合埋頭的洞，試問這種活法豈能令老鷹快活？同樣，你讓貓追逐車輛、啃咬骨頭，牠也不會開心的。

唯有首先消除身分的障礙，認清本性，才可能知道什麼是屬於自己的幸福。根據《奇蹟課程》，眾生本相乃是靈性，為造物主按照自身特質所造，集體統稱為上主的後代、兒女或說上主之子。人類自認是肉體凡胎，所以舉一反三推測上主也是一副**人的模樣**，傳統觀念往往把祂描繪成一位身著白衣的男性，在天堂睥睨眾生，依據各人聽話和淘氣的程度，來決斷他們的生死盛衰。上主豈會如此，這說的是聖誕老人吧？至少《奇蹟課程》筆下的上主絕非這副尊容。

不妨將上主想作圓滿大愛所統轄的一塊浩瀚無垠的場域——神真的如此而已（同義說法還有歡喜、至福，梵語

稱之為阿難）。只可惜，人類當中僅有極少數體證過此等大愛，一般人連想像那種境界都辦不到。但是我們不妨想一想，既然上主是圓滿之愛，而人是神「按照自己的肖像」所造，那就表示人也是圓滿之愛。換言之，人類的存在本質並非鏡中映現的那具身體，也不是寄居於肉身的個體意志。也因此，人類倘若依循這樣的自我認知來尋找幸福，只會害自己一次又一次地錯過。唯有移除擋在生命本質前面的障礙，認出自己與他人心內臨在的愛，我們才可能領悟自己的真實面目。正如福音所說，唯有真相能給人自由，其他東西都不管用。

本書的目標就是幫你朝向真理啟程，後面的路則要靠《奇蹟課程》引領，能走多遠，全憑你的願心而定。本書編寫的初衷即是要給人靈性、奇蹟、一體，以及真我的體驗。說到底，就是要讓你體驗到上主那至純至淨的愛所形成的永恆能量場，而這正是打破牢籠的關鍵，否則不論讀多少書、參加多少研習，都不過是紙上談兵。只要親身體驗一下，哪怕只有一回，我們就會明明白白地**知道**，何者為真，何者為幻；何者值得精進追求，何者不值一提。即使再度掉回恐懼、罪咎、憤怒的心態，也會曉得是在哪裡跌倒，如何循原路返回。

這條路比你想得簡單，卻又難得離奇。簡單，是因為它通往本來如是的真理，自然坦坦蕩蕩。問題是，人類慣常的

教育、經驗全跟真理背道而馳，若不拿出十足的決心，過去的習性勢必依然故我，完全抵消了改弦易轍的拉力，像沉重的皮靴一樣令你陷於泥濘，裹足難前。請放心，想要知道穿越的辦法，且聽後續章節分解，有我為你坐鎮保駕。當然，某種程度上來說，眾生都在相互扶持，正如《奇蹟課程》所言，人類要嘛並肩同行，要嘛就一起停滯不前。

　　總之，不妨將此書當作一個百寶箱，用裡面的法寶來掙脫假身分的箝制；也可將本書當作燈塔，讓它為你護航，穿越世界的魅影、虛假的希望、陰暗的妄見、空幻的誘惑，照亮自由的道路；或者，把這本書當作文集，用裡面的論述扯掉假我套在你身上的沉重外套，揭穿它用來迷惑你的種種幻覺，不再把**自己**跟**假我**混為一談。你一旦如此照辦，等待你的不是個人的存在危機，也不是虛無或孤獨，而是不打半點折扣的無上喜悅。那快樂不受外物所拘，不增不減，絕非俗世凡品。而你卻彷彿早就與它相識，終於以今生不曾有過的篤定心情，將它納為己有。

第 *1* 章

遍尋四方，乃求自性

沒有一個人不渴望自由，且千方百計地追求。他認
為自由在哪裡，哪裡可能找到自由，他就會從那兒
下手。（T-22.VI.1:8~9）

它慫恿你把所有的精力都耗在救恩不在之處，除此
之外，還有什麼更妙的方法保證你絕對找不著？
（W-71.4:3）

　　夜間，有名女子走在街頭，見一位老漢正趴在路燈照亮
的地面死命刨土。女子以為老漢發病，駐足探問，老漢說丟
了車鑰匙，回不了家，正忙著尋找。女子快速掃視光線所投
照的範圍，看到地上分明並無鑰匙，心想老漢或許喝醉了，
又或許有些瘋癲。她問老漢鑰匙在何處丟失，老漢粗略指了

指黑暗的街道，答道：「好像是在那邊？我也說不準。」女子問道：「那你為什麼在這裡找呢？」老漢抬頭看著女子，那眼神就好像女子才是發瘋的那一位，說：「那邊太黑了，哪裡看得清？」

尋物的關鍵在於找對地方。地方找錯了，本事再高，最終也是一無所獲，找鑰匙、老花眼鏡、海底寶藏是如此，追尋永恆真理亦然。若是按照異想天開的指南、錯誤的線索，或信手亂畫的藏寶圖來尋寶，當然會愈找愈洩氣，感覺全都白忙一場，到頭來只好認命，心想寶藏也許壓根兒就不存在。其實，要怪只能怪自己找的方法太蠢，這種苦頭我們應該都吃過不少。

可悲可歎的是，我們這輩子上窮碧落下黃泉地找，或許早已途經寶藏卻不自知。那寶貝在我們眼前大搖大擺，甚至迎面高喊，我們卻只窘然笑笑，然後便繼續趕路了。究竟人的生命本質該到哪裡去尋呢？現在我們就來梳理一下。

死路三條

從古至今，人類探索真理的途徑或可歸結為三條，分別是科學、宗教、哲學。科學透過實驗來探求真理，宗教憑靠信仰，哲學依託理智。有個笑話說，三位智者蒙著眼睛摸

象，一個摸象鼻，一個摸軀幹，一個摸象腿，都說自己摸到的就是大象的全部。科學、宗教、哲學亦然，分別掌握了部分事實，卻失之於片面。下面就來探究一下，這三盞歷史長河上的路燈都能照亮些什麼。

科　學

所謂科學手段，就是先提出事物運作的理論或假設，然後經由實驗來證明或證偽。實驗的研究範圍往往十分狹窄，一次只能得出一個微不足道的結論，證明真理的一小塊片段，無法勾勒出全貌，背後的用心是希望積少成多，有朝一日碎片足夠多了，便能拼湊出完整的真相。可惜，有些東西是拼不出來的。就拿大象來說，它的全貌不是各部分加總之後所能組裝出來的，片段並不足以揭示整體的本質。

另外，科學實驗的結果也有些反覆無常，新發現經常推翻先前的定見，顛覆學界的公論或常識。醫學便是經常推陳出新的學科，1960 年代，學界認為胃潰瘍是由心理壓力造成胃酸分泌過多所導致的，到了 1980 年代，又有新的實驗定論，說胃潰瘍是幽門螺旋桿菌感染所致。再舉一例，過去普遍認為，動脈硬化性心臟病的成因是膽固醇堆積於動脈壁使然，然而，最近已有研究證明，炎症才是最主要的致病因素。

　　除了以上問題，科學實驗還有更嚴重的弊端，那就是研究者必然受限於他當前可用的研究手段和工具（即使聰明絕頂的科學家，在顯微鏡發明以前也是無法確知細菌的存在），以及研究者自身的理解能力。倘若研究者的認知存在偏差，研究結果也難免遭受池魚之殃。

　　有則笑話，一語道破了科學的困境。某位民間科學愛好者出海測量海岸周邊的魚類體長，他把船緩緩開到離岸二十哩的位置，沿途不斷往渾濁的海水撒網，收網後一絲不苟地測量網中魚類的長度。經過了十多次實驗，他底氣十足，宣稱海中魚類身長全都超過三吋。問題出在哪裡？他捕魚的網眼就是三吋的開口，小魚全從網眼游走了，自然無從測量，而科學家在下定論時完全沒有考慮到，自身測量工具是有缺陷的。

　　科學手段就是將大大小小的「漁網」投向世界，用以驗證各種有關事物運作原理的假說，最終根據「捕撈上來的魚」，亦即實驗的結果，判定假設的正誤。然而，舉凡漁網都有網眼，每一個假說背後都有其潛在的預設前提，構成了假說本身的網眼或「漏洞」，而實驗者卻往往習焉不察。最明顯的一個案例就是「客觀世界」之論，說世界獨立存在，不受人類意志的影響。以此類推，實驗也應獨立於實驗人員的主觀思維，互不干擾，然而量子力學已經對此提出了有力質疑。若是連科學實驗的客觀性都已根基鬆動，不免令人擔

憂，科學探求出來的真理又有幾分真實？

或許，在遙遠的未來，實驗儀器變得無比精密，研究理論也發展得十足嚴謹周延，那時，科學便有了闡明絕對真理的本錢。只不過，新的實驗結果一出，原先科學欽定的真理又會遭到推翻，因為科學的發展方式就是自我修正，實驗結果和前提預設註定反覆無常，永遠只能在既定的偏見中兜兜轉轉。然而，所謂真理，是指真實不變的道理，豈能靠這等朝梁暮晉的手段證得？

宗　教

宗教的目的無非揭示真理，大道既明，路該怎麼走也就一清二楚了：無論日常的行住坐臥、待人處世，抑或人與自然的共存之道，全都不在話下。問題是，不同宗教對真相的理解也有所不同，每個教派都有自己的一套核心觀點與信念，作為真理的參照物。換言之，宗教和科學一樣，只能在自身的燈照範圍內尋找真相，一旦跳脫出來，進入其他的光照範圍，或是依靠個人的手電筒來尋找真理，別人就會說你「修偏了」、「走火入魔了」。

有一位博學多聞的宗教學教授曾經指點我說，諸如猶太教、基督教、伊斯蘭教這類西方宗教，與印度教、道教、佛教這類東方宗教的根本區別，在於它們所要答覆的問題不

同。西方宗教所要解答的議題是：**何為世界？**

猶太教和基督教傳統的共同特點是把世界的客觀存在作為基本前提，然後設法探知個體在世界中的角色。從〈創世記〉開始，上帝創造了天地、動物王國以及其他萬事萬物，等到第六天才創造人類的始祖亞當。換言之，世界先於人類存在，我們是後來生到這個業已由上帝所建立和認可的世界，臨到最後一刻才加入了這場大筵席。

因此，從《聖經》的角度而言，外在世界絕對真實，人在其中的行止具有舉足輕重的意義，為神所看重，內心活動則相對次要許多。無怪乎整部《舊約》彷彿就是一部世界史，除非你把其中的故事理解為寓言，我在早期的著作《從瘟疫到奇蹟／暫譯》（*From plagues to miracles*）一書中便是如此解讀〈出埃及記〉的。

然而，若說外面的確有一個實實在在的世界，並且其中萬事萬物皆是上帝所造，那麼問題來了，邪惡是如何滋生出來的？（神正論所要答覆的便是這個問題）無可諱言，世間邪惡橫行，人類對於自己的同胞有時殘忍得令人髮指，難道這都是上帝創造出來的嗎？如果祂並未創造邪惡，邪惡又源自何處？若是上帝所為，上帝究竟中了什麼邪？目的何在？為了「解決」邪惡的議題，神學家不得不引入神明的敵對勢力——魔鬼，結果也只是徒增是非，引發了更多問題。比方說，魔鬼是上帝所造嗎？上帝身為大愛與美善的化身，為何

要造出一個處處跟大愛和美善為敵的死對頭？倘若魔鬼**並非**上帝所造，那麼魔鬼又是如何誕生的？還是說，他與上帝平起平坐，同屬萬物的「第一因」？若是如此，便證明上帝並非全能，因此也就不成其為神了。

諸如此類的問題糾纏在一起，形成了盤根錯節的神學體系，繞來繞去卻繞不出個所以然，除了叫你抱持信仰，便給不出什麼像樣的答案了。至於「如何獲得長久的平安與喜樂」這類實際問題，西方宗教的解決之道是教你一套行為規範，可是，不同時代不同文化所提出的規範各不相同，《舊約》不許食用貝類，卻允許賣女為奴。綜上所述，西方宗教的途徑實在無法引人走進真理。

東方宗教則另起爐灶，乾脆把「何為世界」的議題放在一邊，甚至從未肯定心外真有一個世界存在，更不認為那是神的創造。東方宗教關注的核心議題是「**何為自性**」，並以靜觀之法參悟真假虛實，發覺推至究竟，唯有心靈堪稱真實，此外無他，外在世界不過出自心靈的營造，是它莫名其妙生出的一場幻夢而已，人類深陷迷途，亟須從夢中醒來。這套觀點與《奇蹟課程》可謂不謀而合，後面的章節會詳加討論。

由此觀之，邪惡也不過是心靈營造的萬千幻相之一，背後並無上主高深莫測的神秘旨意，也完全沒必要用魔鬼之說來解釋善惡的緣起。人可以自由開展向內探索的旅程，最後

必會發覺，經得起推敲的真實存在，唯有覺性，或說意識。這與笛卡爾那句「**我思故我在**」有異曲同工之妙。說得更準確一點，應該是「**我覺故我在**」。

哲 學

顯然的，科學與宗教皆有不及之處，只剩下哲學這條通往真理的康莊大道了。可惜，這條路也是好壞參半。哲學領域充滿各種高度抽象的理念，雖不見得是壞事，卻導致哲學飄在高空，與日常生活脫節，給人虛無縹緲的感覺。哲學致力於實現心靈的和諧一貫，這點還算與真理合拍，然而，哲學針對這類大哉問的答案既無科學實證的支撐，也缺乏宗教質樸的情感力道以及引發超覺體驗的潛力，導致哲學極少能夠改變人的心念或轉化人的心靈。

《奇蹟課程》在談玄說理方面頗有哲學的味道，熱中抽象思辨，以真理馬首是瞻，同時兼具科學性（一定程度上主張實證），從不以信仰之名要求學員照單全收，而是鼓勵學以致用，在生活中落實印證。雖然《課程》算不得宗教，沒有領袖、教會、戒律，但它完全屬靈，志在超越凡塵，目光鎖定在感官之外的領域，屬於有神論，但它所說的神與主日學校所教授的神不可同日而語，乃是真理和真愛的代名詞。

傳統意義上的神是一位全能統治者，以黏土造人，洞悉

全人類的所有念頭和作為，喜歡居高臨下，裁度評判，動不動就大發雷霆。然而，《課程》所定義的上主並非高高在上的神明，而是人心深處的某種存在。正如《課程》的「導言」所說，你的確是上主所造，但祂是把你造成了靈性（或說心靈），而非血肉之軀。眼前世界發生的一切都與上主無關，《課程》甚至說，上主根本不知道這個世界的存在，因為世界是人類的虛構，並非上主的造化，所以往外去找是尋不著真理實相的，自心之內的上主才是真道所在。

返璞歸真

探索真理的道路不止一條。摩西登臨西奈山頂，邂逅上帝；穆罕默德在洞穴中向阿拉祈禱；耶穌走入茫茫大漠；佛陀則於菩提樹下靜坐證道。看起來，再古怪的地方也可以找到真理，心誠則靈。

童話故事就不失為一個真理的寶庫，只是不怎麼被人當回事，比方說下面這首世人耳熟能詳的童謠：

> 划，划，划小船，
> 輕舟慢漂盪。
> 快活，快活，快活，快活，
> 人生夢一場。

　　看，屬靈生活的準則盡在其中矣。你一定要划、划、
划，親身投入，努力用功，一而再，再而三，且須輕柔和
緩，順勢而為，不可逆天行事，還得樂在其中。請注意，
「快活」一詞重複了四次，而「划」字只有三次，可見兩者
孰輕孰重。至於末句，一下子道出了它指導你如此過活的根
本原因，那便是「人生夢一場」——這也是東方宗教和《奇
蹟課程》的基本看法。

　　我在孩子小的時候最愛給他們讀一本童書，內容與這
首兒歌異曲同工，相當直白地描寫了追尋真道的過程，頗
具真知灼見，那本書便是伊斯曼著作的《妳是我母親嗎？》
（*Are You My Mother?*）。故事是這樣的：有隻雛鳥破殼而出
時，母親正在外面為牠覓食，雛鳥跌跌撞撞離巢尋母。牠不
曉得母親的模樣，念茲在茲唯有：「妳是我母親嗎？」每遇
到一隻動物或物件，便丟出這個問題，一路上，狗、牛、
船、飛機無不予以否認，唯有推土機回答：「突突突！」隨
後驟然將雛鳥高高舉起，送回巢穴，讓牠與生母團圓。

　　你或許疑心，這則故事憑什麼躋身靈性經典之列？且聽
我道來！雛鳥那樣跌跌撞撞離開溫暖安穩的母巢，進入陌生
無比的奇異世界，成了喪家之鳥，就彷彿亞當、夏娃「墮落
凡間」，只不過雛鳥是實實在在地離巢墜地，但這原非牠的
過錯。尋找母親，無非是想要母子團圓，哪有孩子不渴盼
家庭的溫暖？與家人失散乃是天塌一般的災難，對此心有戚

戚的可不止孩童，這篇童話的受眾其實相當廣泛。就拿修行人來說，他們不也是從巴基斯坦到巴伐利亞、從不丹到不列顛，上天下地拜訪各路明師，探問：「你是我的古魯嗎？你是我師父嗎？你是我回家的道路嗎？」然而，與一般修行人得到的答案不同，雛鳥聽到的總是斬釘截鐵的否定回答，而後便繼續行程，不至於平白蹉跎無數光陰。

「迷途之人重返家園」的主題，除了體現於〈創世記〉亞當和夏娃的故事，在〈出埃及記〉，也描繪了以色列人在埃及迷路，淪為奴隸，而後出發尋找應許之地的故事；另如荷馬的《奧德賽》、《帕西法爾》、莎士比亞的《暴風雨》等各種經典文學以及無數電影中也都有跡可循。這個寓意深遠的主旋律，同時也是奇蹟理念的預設前提。

根據《課程》的說法，《聖經》裡亞當和夏娃的遭遇其實是在比喻天人分裂的情狀：在上主與其造化的無盡大愛當中，莫名其妙形成了一道不可能出現的裂痕，好似將天人隔絕開來，眾生從此形單影隻徬徨往來於一個古怪森嚴的世界，其中既無安全亦無溫暖，與我們原本在上主永恆一體之境坐享的家園有天淵之別。

換一種說法，我們不過是陷入昏迷，作了一場噩夢，歷經一次又一次的別離與落空，卻怎麼都想不到醒覺之道，在夢裡愈陷愈深，終於忘記了夢幻之外的存在境界，進而把夢境當作現實，此外完全不作他想。「聖經僅僅提到亞當睡著

了，卻不曾提到他的甦醒。」（T-2.I.3:6）正因如此，人類最刻骨銘心的願望就是探索真道，回歸自己在愛內的真實家園，這份願心一直在人心深處驅動著我們的一言一行，只是我們習焉不察罷了，只曉得上窮碧落下黃泉地尋找真愛；等到遍尋無果，或者與之擦肩過後，便退而求其次，設法在權力、奉承、財富中安身立命。

現在回頭來說《妳是我母親嗎？》的故事。雛鳥失落暖巢、出走尋母，其實只是故事意涵的最表層。對應於人類的處境，我們真心想找到回家的路，回歸永恆母親的慈愛懷抱；我們也的確極度渴求安全與歸屬，想要在人際關係、家庭、社群中重溫舊夢。但是，這背後還有一股更深的動力。以雛鳥而言，假如牠尋母不得，便永遠無法得知自己的真實品類，說不準自己是狗、牛還是推土機，唯有在認親歸宗的那一刻，方可分明自己是有翼可飛的鳥！

> 不論你選擇什麼老師，課程的目標不外乎「知道自己的真相」。除此之外，沒有什麼值得追尋。（T-8.III.5:1~2）

《奇蹟課程》指出，世間的衝突和亂象，歸根究柢，都是因為人類對於自身生命本質的無知——或說遺忘，或者乾脆就是存心他顧，拒之千里。「這部課程旨在教你明白自己的真相。」（T-16.III.4:1）一旦憶起了真實自性（用大寫Self的「自性」一詞，表示它比我們所知小寫self的「自我」

要大得多），層出不窮的人生問題皆會迎刃而解，因為問題的共同肇因業已不復存在。

　　聽來難如登天，實則不然，因為這個自性從未遠離而去，它只是被遮蔽——被人的個體視角給蓋住了，所以我們才會滿眼盡是自己衝突迭起的人生故事，認不出自身的本來面目。套用《課程》的比喻，生命的真相宛若一首「遺忘的歌曲」，如今只能依稀聽見極其微弱的旋律，彷彿千山之外的餘響，每次最多僅可聽到幾個音符，卻縷縷不去，令人不禁懷想起某個美妙絕倫的處所，還有那裡寧靜愜意的時光，世間榮景全都相形失色，重返故地便也成了千古以來人心唯一的願望。

　　這首歌所頌唱的境界就是我們唯一的實相，它一直在那兒，一直在等，憶起它來易如反掌，卻又十分困難，因為這首歌早就被人心各個頻道高聲播放的噪音給蓋住了，只有極少數情況才能趁噪音暫歇之際飄然入耳。說起來，那些聒噪的曲調全都是心靈的傑作，由我們親自譜寫、表演、錄製，所以我們既捨不得調低音量，更不甘心就這麼把它關上。自性之歌於是杳不可聞，遭人淡忘，世人從此不識自己的真面目，縱然汲汲營營往外尋找，卻怎麼都找不到。

　　根據《課程》的說法，無知，表示心靈已然受到了蒙蔽。「不肯定你自己的必然真相，這一自欺之舉牽涉之廣、影響之鉅超乎你的想像。」（W-139.3:1）那個老是在問「我

到底算什麼？」的「我」，絕不可能是自性真我，否則它何
需此問？這個從心靈裡分裂出來的「無知之我」，《課程》
稱之為「小我」；我們不妨再送它一個詞，就叫「永劫無
心」（Never-Mind），因為這部分心靈**永遠**不得知曉自己的
稟性，**永遠**尋不到真相，也**永遠無法**真正存在。打從我們由
平安的故巢中跌落，心中便無時不盼著返回家園、憶起自
性，而「永劫無心」卻永遠都是那句：「什麼心不心的！有
那工夫，還不如操心更重要的事情。」

　　由此觀之，追尋靈性其實就是在探求真實身分，向內探
問：**「我究竟是誰？」**準確來說，應該是問：「我究竟是什
麼？」

> 人生的一切疑慮莫不源自於此。世間的一切疑問
> 所反映的也不過是這一個問題罷了。人心內哪一
> 種衝突矛盾不是指向這單一的問題：「我究竟是什
> 麼？」（W-139.1:4~6）

　　只有把根本問題弄清了，我們才不至於老跟幸福平安擦
肩而過。一旦**這個問題**得到明白的答覆，我們便也**到家了**，
回到永恆之母的安穩懷抱中，在祂的指引下活得怡然無憂。
曾經，我們誤入歧途，甚至忘記失落了何物，如今終於認祖
歸宗，了悟自性，明白了自己的本來面目。

　　當我們深入內心探尋自己的真實稟性時，一路遇到的不

少人選都似堪用之材，可惜全是經不起盤問的冒牌貨。然則無妨，逐個叫上來，用光明照出原形，再與他們分道揚鑣便是了。只要問一下：「你是我的自性嗎？」一經否認便繼續上路，最後必會尋得真實自性的，因為虛妄之物通通排除以後，剩下的那個怎麼都排除不掉的必是真相無疑。在這過程中，「永劫無心」的虛無本質暴露得徹徹底底，它的各種屬性原來竟似霧氣般縹緲，毫無實質和價值。當人有了這樣的體悟，便已百尺竿頭更進一步，離真實自性不遠了，我稱之為「永志一心」（Ever-Mind）。

自我概念——「你究竟是誰？」

　　古希臘的求道者每每前往特爾斐的阿波羅神廟，祈請神諭啟示自己的命運，只見入口上方的碑文寫道：「認識你自己。」言下之意，一旦真正認識了自己，命運便一併昭然若揭了。所謂命運——先命，後運，有什麼命就有什麼運。正如《妳是我母親嗎？》書中的雛鳥一樣，必須先知曉自己的本性，才能進而知道自己是何許人，有何許本領。假若雛鳥認定自己是頭牛，就會跑到田裡吃草，還哞哞直叫，把自己搞得不倫不類，永遠想不到要展翅高飛。

　　還有一本童書，旨趣與此異曲同工，就是賈奈爾‧卡

農著作的《蝙蝠星月》(*Stellaluna*)。有一隻小蝙蝠名叫星月,誤打誤撞進了鳥巢,由鳥撫養長大,從始至終都不曉得自己的真實物種,做鳥做得十分辛苦,不僅不愛吃鳥媽媽餵給牠的蟲子,還喜歡倒掛和熬夜,經常被鳥媽媽訓斥。某天,一群蝙蝠看到了星月,對牠點撥一番,牠這才發覺,自己原來當得了一隻好蝙蝠。

你覺得人的自性有哪些核心特質?若說吃水果、倒掛、夜間飛行是小星月「之所以為蝙蝠」的標誌特徵,那麼「我之為我」的本質特徵又有哪些呢?

* * * * * * * * *

試想,在一場聚會中,有陌生人上前詢問:「你是誰?」你該如何應答?大多數人會自報家門,我會說:「你好,我叫鮑勃。」若是在專業場合,我就會改口道:「你好,我是羅森濤博士。」我們以姓名自稱,也以姓名自認,然而,茱麗葉對羅密歐的問話卻一語道破天機,她說:「名字有什麼意義呢?所謂玫瑰,換個名字,聞起來還是一樣香。」

的確,名字有何**內涵**?仔細想來,好像真沒什麼意義。一個人姓甚名誰,或許足以揭示他的出身,例如有些名字一聽便知是愛爾蘭、亞洲或是猶太裔,但那人究竟是何等品貌

便無從得知了。絕大多數人的名字不是自己取的，不過是出生時給人貼上的一個標籤罷了，就像我們出席會議時別在胸前的姓名卡。如果名字真能反映出人的真實面目，那豈不是說，凡是叫鮑勃或羅森濤博士的，必有某種共通性？這就好比你說某某是美國人，問題是，德克薩斯的石油商、夏威夷的衝浪族、愛荷華的耕農、曼哈頓的嬉皮，他們都是美國人，這話說了幾乎等於白說。用姓名來分辨個體倒還成，但這個體如何自我認知，乃至於他有何本來面目或存在本質，皆非其名姓所能道出。

如果你認為透過名號便足以「認識你自己」，那麼阿波羅神廟恐怕會說：「施主請回。」除了名字，還有什麼能確立一個人的自我認知呢？最直接的答案當然就是肉身。

人從出生那一刻開始，便把身體認作自己，學習解讀感官傳來的各種資訊（疼痛、舒適、香臭），控制周身上下的運動。父母把你舉到鏡子前，指著鏡中軀體說道：「這就是**你**。」從你尚無記憶開始，這副身體便是你的夥伴，它對食物、睡眠以及紓壓的需求，始終都是你心頭的第一要務。

每具身體都有自己獨特的外表、能力、經歷，高矮美醜不盡相同，有的人起跳扣籃，有的人從輪椅上投球。身體還承載著過去的傷疤（而且是實實在在地留下痕跡），外人或許看不到我們的舊傷，但作痛的感覺是騙不了人的！

　　身體是每個人的專屬之物，全憑自己做主，而且不能跟人互換（除非是在電影裡），該是誰的就是誰的，絕不會弄混。既然如此，或許身體也可充當「我是什麼？」的一份答卷。不是嗎？

　　只可惜，這份答卷錯漏百出。首先，身體會逐漸變老並且改變狀態。僅僅十年工夫，一個可愛的五歲小孩就會變成身材瘦長、滿臉粉刺的少年；二十歲的身體和七十歲的身體，在相貌和感覺上也判然有別。然而，人的自我感會隨身體的衰老而改變嗎？我父親八十三歲時跟我坦言，他現在雖然腿腳不利索，記性也大不如前，但他仍然**覺得**自己還是老樣子，最基本的自我存在感受依舊如初，獨立於衰老的身軀，在他內始終如一。

　　在你的感知範圍之外，身體無時無刻不在改變，細胞不斷新陳代謝，每過七年就會完成一次徹底的輪替，等同於把人從頭到腳翻新一遍，可是人的自我感在這過程中絲毫不受影響，委實叫人不可思議。

　　人的自我是否藏於身體的某個部位？但任憑是誰也不會說他的自我寄居在兩腳或胳膊上頭，真要說的話，也得是大腦，約莫就在雙眼後方的那片區塊。但是，我們不妨想想，即使閉上眼睛，你依然知道自己是誰，並且**保有原來的存在感**。即便在夢中，所有外部感官接收的訊息都被屏蔽在外，但是你依舊自視為一具身體。難不成你的身分存在於夢中那

副軀殼？恐怕不然。

　　身體是你與外部世界交流互動的代理（至於這世界到底有幾分真實性，我們下章再談）。你聞到烤箱裡的燉鍋冒出香味，頓覺饑腸轆轆，趕緊給自己盛出一份來享用，見到鏡子裡自己一頭亂髮，便動手梳理一番。換言之，身心的運作機制好似就是：先從感官接收訊息，然後決定如何因應。但是，即使沒有意識的指令，身體照樣可以運作，這種現象每分每秒都在發生——心跳、呼吸、眨眼、消化，全在人的意識控制之外。

　　更耐人尋味的是，有些實驗發現，在人清楚意識到自己的行動意圖以前，大腦皮質的**誘發電位**便已出現波動了。也就是說，自己還沒想明白要如何行動之際，身體某些部位當下便已「有數」了！此外，人體也有完全繞過意識的反射行為，比方說，當你踩到圖釘時，沒等你疼得大叫，腿便已自動往回撤了。請問是誰在收腿？是你還是你的身體？哪個才是真正的**你**？如果身體可以自主行動，那麼它跟你還是一回事嗎？

　　與其說「身體是自我的居所」，倒不如說「身體是自我的象徵」，更容易理解，也更準確一些。它是替自我演繹人生故事的代表，是自我在世一切榮辱悲喜的見證，好像大富翁遊戲中代表玩家的轎車或帽子，根據骰子擲出的點數，在棋盤上四處遊走，每經過一處，便決定要置產還是繳租，在

遊戲中或賺或賠。說到底，**轎車和帽子都不是真正的你**，那些形象只不過是為了讓人在棋盤上找到參與遊戲的定位而暫時設置的。縱然遊戲激烈持久，等它一結束，人物角色的積木就會放回盒子，而**真正的你**則離席去做更重要的事。

看來，這副皮囊裡頭不太能找得到真我的位置。那麼，還有其他選項嗎？

* * * * * * * * *

大多數人兩歲左右開始說話，有的早，有的晚，愛因斯坦就是五歲才開口講話的。一般人除非受過某種特殊損傷，否則通常在童年就能說一口流利的母語，也明白別人在說什麼，大家都互相聽得懂。

可以說，習得語言是人生發展的一大步，但它也有相當陰暗的一面。當我們學習使用詞彙來指稱身邊的人事物，其實是在劃定人我之間的界線。原本，我們與周遭萬物同氣相連，母子連心就是一例。可是，漸漸地，這種朦朧的感覺開始固化定型，「自己與他人」、「我與非我」變得涇渭分明，我是我、你是你——你跟我成了兩碼事。大家彼此交談，卻各懷心事，心與心不再相印。

人我之分已成定局，而內在聲音的獨白則讓隔閡愈變愈深。這聲音在頭腦中跟我們說個不停，一朝開口，永不閉

嘴。至於它的成因，極有可能是我們把父母兄姐的話聽進心裡，而後學舌說給自己所形成的習慣。無論是何起源，反正這聲音絕不住口，只有睡眠和昏迷（或在最為深沉的冥想時刻）才能中斷它的評論。不管我們遇到何人或是經歷何種處境，它都會欣然提出指導意見，彷彿對所有事情都有一套精準看法似的。

久而久之，我們開始將這聲音當作自己的心聲，不然在腦中跟自己密談的還能是別人不成？它對我的每一絲想法和感受瞭若指掌，不是我還會是誰？

然而，這種想法同樣經不起推敲。若真如此，人生大大小小的事情都應由這聲音來打點料理，可是我們先前提過，許多身體功能根本不在意識的控制範圍內，與那聲音的意願也無干無涉。我們甚至無須對它唯命是從，聽了以後大可當耳邊風，恣意連吃兩份櫻桃派或是連喝兩杯葡萄酒，**全憑膽氣行事**——換言之，膽氣所指稱的內在直覺完全能夠凌駕內在聲音的意志。另一方面，這聲音貌似情感豐富，還頭頭是道地跟我們辨析感受的來源和應對方式，但是，這聲音其實體會不到任何情緒。

倘若情緒確是「我之為我」的存在感受（好像真有這麼回事），那麼情緒又是從何而起呢？觸發情緒的可以是與生活毫不相干的情境（例如一部令人心折的電影）、念頭（想像所愛之人死去，哪怕對方其實健在）、回憶，而這些都與

那個內在聲音無關。

此外，事實證明，許多人的心裡不止一種聲音（有的心理學家認為世人皆然）。諸如精神分析、完形、內在對話之類的心理治療流派，都有自成一家的整套技術來揭露這些聲音的存在，讓人不再受其擺佈。批評家、夢想家、陰謀家、受害者、完美主義者、喜劇演員——以上種種人格皆可同時存在於同一個人的心內，根據環境需要輪番登上講台，對當前的人生處境發表高論，所說的話通常百害而無一利。在解離性人格分裂（亦作 D.I.D.，第五章再來詳談）的極端案例中，心靈當中的聲音甚至是各種迥異的人格所發。倘若內心的聲音真是獨一無二的「我」，以上狀況都不該出現才是。

你是你記憶中的那個人嗎？

目前為止，我們已經把姓名、身體、內心的聲音排除在自性的候選名單之外，現在還剩哪些選項呢？

每個人都有自己獨一無二的人生故事，活出的樣貌比身體的形貌還要自成一格，正所謂前無古人後無來者，這或許足以定義人的自我。若是此話不假，那麼一個人的真實身分就是他今生一切生命體驗的總和，是記憶庫無數零散印象所環繞的那條當軸處的綱繩。

　　假設未來某一天，你的記憶可以完全數位化，複製到一個超大容量的儲存設備上，就像把喜歡的電影上傳到雲端那般，將回憶中的場景、思維方式、表情達意的姿態以及身體的習慣反應模式通通保存起來，往後隨時啟動，便可回味五歲生日的蛋糕、二十一歲生日的啤酒、第一次性接觸、第一次意識到生命脆弱的體驗。只要啟動程式，掃描其中的海量內容，最終所呈現的便是**你的自我**，唯獨沒有肉身而已。**構成你**的一切元素，無論記憶、幻想、幽默感、恐懼，抑或高尚的行為和最可恥的祕密，全都儲存於這個龐大的資料庫。隨便問它任何有關你這一生的問題，它都應答無礙。有這等本事的，除了**你**，還會是誰？

　　可是話又說回來，難道詳盡而全面的記憶總和便能等同於你的**自性**嗎？這個數位儲存器真的是**你**嗎？

　　無可諱言，人生的經歷確實刀劈斧鑿地塑造了人的性格。傷你心的女友，害你摔斷腿的馬，背棄誓言的配偶，這些對人都有塑型作用。今天的你之所以不會再和瘋狂的紅髮女郎約會，見到馬也不主動靠近，全是拜往昔經歷所賜。但是，這些都只是你的性格特質、行為模式，而你卻並非僅此而已。這裡頭仍有些問題。

　　原因之一，在於記憶根本不足為憑，如果它是一分一秒拍攝而成的實景錄像，或許還能充數，但記憶其實是可塑可改的。假如一個女孩告訴母親，舅舅在聖誕節那天對她毛手

毛腳，結果反而被母親嚴厲斥責，說舅舅不可能有**那種**舉動，她八成會信任母親，畢竟維持母女關係要比堅持立場來得更為重要。同樣，如果警探在證人指認罪犯照片時過分干預，反覆質問某張頭像是不是罪犯本人，證人便會傾向於順從警探的暗示，哪怕她一開始明明覺得不是。這也難怪，曾經一度作為刑事訴訟黃金準繩的「目擊證詞」，如今正在庭審中受到愈來愈多的質疑。

學界所謂的「狀態依賴性記憶」，也對「記憶乃自性之本」的說法構成了挑戰。人的情緒狀態容易受到酒精這類物質的影響，在此狀態下編碼形成的記憶，平素清醒時是想不起來的，非要重新攝入彼時發生作用的物質，記憶才會喚醒，好比是被生成記憶當時的精神狀態給鎖起來了，得靠引發那狀態的物質來解鎖才行。

這種效應的影響範圍可大可小，諸如狂歡醉酒時隨手擱置鑰匙，或者依靠興奮劑來複習考試，都足以生成狀態依賴性記憶。結果就是，醉漢要重新喝上幾杯酒，才能好運臨頭想起鑰匙放在哪兒，而學生則是第二天怎麼都想不起之前背過的內容，非得再次服藥，方可在高度興奮的精神狀態下找回當時的記憶。

強烈的情緒有時就像毒品，讓人全身激素氾濫，而且也和毒品一樣，存在著誘發狀態依賴性記憶的可能。比方說，你平時可能想不起某件令你特別害怕或憤怒的事件，但是一

回到相似的情緒狀態，那個記憶就回來了。其實不僅是造成創傷的情緒，**任何**與事件相關的經驗都有喚醒依賴性記憶的可能。我診治的一些病患童年受過虐待，日後一遇上消防站的警報器、黑暗的壁櫥、水面上的滿月倒影、緊身靴子的束縛感，或是身處偏僻山林等等稀鬆平常的物件或場景，都有可能引發驚嚇，勾起業已忘卻的恐懼心情。通常而言，我的患者並不希望憶起這些舊事，這也可以理解，誰不想給世界展示幹練持重的成人形象呢？問題在於，一邊是有童年創傷記憶的我，一邊是有記憶卻不肯回想的我，何者更接近人的真我呢？

　　這個問題甚至可以擴大到無傷無痛的正常記憶。人往往都會記得自己想要記住並且符合當前人生觀和世界觀的事物，好壞都成。凡與此牴觸的回憶，便拋諸腦後，或是輕描淡寫為偶發事件。比方說，假如你堅信自己的母親是個大聖人，自然不願回顧她雷霆震怒的場面。然而，一旦人有了新的自我觀感，不再受往事困擾，曾經淡忘的記憶便會浮出水面，幫助你鞏固新的自我認知。以上都是我在行醫過程中親眼所見。

克莉奧的記憶

克莉奧是一位職業音樂家，幾十年來一直飽受恐慌和憂鬱症的折磨，長期依賴抗憂鬱藥物來維持正常生活。在她心中，醫藥是萬能的，幾近神乎其技的地步，儼然是幸運兔腳〔譯註〕一般的護身符。每當憂鬱症狀一有復發之態，便會立即給我打電話要求增加劑量，然後便像是被人施咒似地藥到病除，至少能管用一段時間。然而，她始終如驚弓之鳥，唯恐劑量達到極限的那一天，她的病便無藥可醫了。

克莉奧的憂鬱症固然有家族遺傳的可能，但我們兩個還是覺得應該探究一下其他可能的致病因素。原來，她兒時一直相信，若要讓鬱鬱寡歡的母親展露笑顏，自己必須不停「登台」獻藝；但表現得只要稍微不如人意，母親便會掉回抑鬱的深淵，自己則是難辭其咎。她不禁覺得，別人對她之所以另眼相看，愛的是她的表演，並非真正的她。偏偏她又是個頻繁登台的演奏家，每次一到了表演的前幾週，心裡便開始七上八下，事後也總是感到筋疲力盡，常常為此而消沉不振。

至於父親，克莉奧覺得他對自己棄之不顧，從來不曾付出過真心（此時，她的雙親皆已去世）。她父親是一個性

〔譯註〕歐美某些文化相信，特定形態的兔腳可以帶來好運。

情冷漠而暴躁的醫生，在克莉奧出世期間一直於朝鮮半島
服役，等到女兒快兩歲了才跟她見上第一面。克莉奧很怕父
親，曾經目睹父親火冒三丈，對弟弟妹妹暴力相向。然而，
她卻又十分渴望父親的關愛與認可。父親會彈鋼琴，也鼓勵
克莉奧練習，但是當她的才華蓋過父親時，父親便會悶悶不
樂，想把克莉奧比下去。為了維繫父女之間的紐帶，克莉奧
不敢表現得太出色，就像跟母親相處一樣，無法坦誠相見，
讓音樂自由流淌。

　　有一次的心理治療，她觸動頗深。我問她是否認識哪一
位女孩跟父親相處得無憂無慮，擁有和她截然不同的幸福童
年？她說，她朋友的女兒，小時候經常在她朋友身上攀爬玩
鬧，父女之間老是嘻嘻哈哈的。接著，我問她，童年時是否
認識類似父親卻與父親不同、完全**不會**激起她恐懼的成年男
性？她立刻想起一位叔叔——那個人悠然閒散，平易近人，
經常把她抱在腿上，令她無比安心，深感溫暖與關愛。其
實，父親從戰場返回以前，她便認識這位叔叔，就某種意涵
來講，這位叔叔才是她第一個真正意義上的父親。然而，成
年後她卻把叔叔忘得一乾二淨，壓根兒不記得曾經有一份愛
環繞著她。

　　她接二連三想起許多事，甚至憶起自己與父親也是有過
美好的時光，兩人曾經並排坐在鋼琴前的長椅上，父親彈奏
和弦，她以旋律酬和。她感覺父親臉上洋溢著幸福的笑容，

深以女兒為榮。後來，她把叔叔也加入回憶的畫面（讓他站在自己身後）。當她離開診療室時，整個人熠熠生輝，心中充滿了前所未有的被愛與歸屬之感，深知自己與父親的關係已在這番回憶中療癒了。

　　治療結束後，克莉奧回到家，發現遠在外地的一位老友給她寄來了一封信，對方清理舊電郵時發現了一封克莉奧十五年前左右寄來的信件，當時克莉奧的父親尚在人間，六個月後才去世。在這封電郵中，克莉奧講述了某場音樂會演出的情景，也談到了她逢演必發的焦慮感。

> 這場音樂會受到觀眾熱烈喜愛，表演得太棒了，我
> 真自豪，也很享受站在聚光燈下，覺得自己屬於舞
> 臺，這對那個害怕掌聲的小女孩來說，不啻為一次
> 真正的療癒經驗。其間最美好的，莫過於父親在演
> 出結束時為我上台獻花的場景。我先前每晚都會跟
> 他通話，分享我進步的點點滴滴，生平第一次感到
> 自己是在與一位〔真正的〕父親分享心事，而這位
> 父親也真心為他的寶貝女兒雀躍。音樂會前一晚，
> 他在電話裡哭了，叫我一定要昂首挺胸，他知道這
> 場一定演奏得漂亮。我感到自己內心堵塞的某個部
> 分開始流動……真療癒啊。

　　克莉奧才剛剛改變她心目中的自我形象與父女關係，一扇透視過往的窗戶便適時送上門來。原本已淡忘的這封信再

度出現，恰好印證了她內心的**轉變**。就這樣，一打開對自己溫情與光明之心，過去便也隨之一併扭轉了。

克莉奧的故事再度有力地證明，記憶是流動可變的，根本不足以給人的真實身分定調。相反的，我們的身分，或說自我概念，其實決定了我們會記住哪些事情，也因此，記憶與自性是無法畫上等號的。

＊　＊　＊　＊　＊　＊　＊　＊　＊

自性不等於往昔經驗的簡單加總，其實還有最後一個重要理由，那就是：人並不活在過去，從前發生的都已不復存在。誠然，回憶有時確實讓人感到身臨其境，精神受創者在觸發狀態依賴性記憶之際，甚至會覺得心中的恐怖畫面正在眼前發生。可是即便如此，他也不至於永遠卡在那裡，最終還是會跳出腦中閃現的情節，回到當下的現實。

往事已矣，過去已逝，人的自我並非存於過去，而是活在連續不斷的當下一刻，所以**此時此刻**的實況才能稱之為人的「實相」，而真我自然也得來到**此時此刻**去找，從別處入手，豈有尋獲之理？

自性的外衣：價值與角色

　　上述經過面試的「自性候選人」全都不堪其任，幸好我們尚未窮盡全部的選項。其實，撐起自我意識的支柱有很多，只是我們平時並不特別當回事，往往在遭遇分崩離析的危機時，方才意識到這些要素的存在，其中就包括了人的價值與角色。下面就來隨我一探究竟。

　　只要是人，莫不藉著自己在世上扮演的角色和珍視的價值來建構自我意識，而且當成至寶抱得緊緊的，到死才肯鬆開，殊不知那些都是束縛生命的枷鎖。為此，我們必須看清個中虛實，才能從中掙脫，進而認識自己的真實身分和自性本質。

　　價值和角色，其實是相互依存、彼此交織的。人在扮演自身角色的過程中會逐漸養成特定的價值觀，同時也根據自身價值觀選擇相符的角色，中間的過程可謂盤根錯節，隨便說說就能寫出一整本書來。不過，以本書的寫作目的而言，我們只需了解它們對自我形象的塑造作用便足夠了。

價　值

　　價值觀乃是自我概念的主幹，人都是依循自身的價值觀來做人做事，並且選擇與何人為伍。比方說，重視一個人，

便肯不遺餘力地相助；看重一個理念，便會極力維護，甚至不惜一死；跟自己理念一致的，便視為同道中人。早先的社群就是根據共同價值而劃分確立的，一般而言，他們都有共同的宗教理念，不然便是有同樣的目標或難題。假如有這麼一個小鎮，鎮民全去同一所教堂禮拜，從同一家工廠領薪水，還曾並肩對付飛漲的河水，在暴風雨中前仆後繼地堆放沙包，你說鎮民會不會因著上述共同價值而一德一心？

　　然而，每個人的價值觀都有顯著的區別。縱然你我支持同一政黨，去同一所教堂禮拜，對於如何管教孩子卻可能各持己見。這類差異的存在註定了價值觀的雙刃屬性，使它既是團結道同者的紐帶，又是切割道不同者的利刃（我們會在第四章深入這一現象）。在極端情況下，我們甚至會把異議人士看成死對頭，貼上異端、異類甚至滅絕人性的標籤，如此便可名正言順以自保為由加以圍剿；倘若對方還以顏色，我們便又驚又怒，大罵豈有此理。

　　舉凡戰爭，敵方都會被描繪為異類，言必稱「非我族類」，冠以具有輕蔑性質或種族歧視意味的罵名，這樣一來，兵士便可心安理得，不覺得自己是在殺害人類同胞。究竟而言，敵人豈可與我方相提並論？那都是沒有人性的怪物，踐踏我們的價值觀，企圖摧毀大家的生活方式以及所愛的一切，因此，我們只有先下手為強一途。然而，你若是有緣在私底下跟敵人面對面相處，一定不難發現，彼此的共同

點比想像中多太多了。

　　第一次世界大戰之初所發生的「聖誕休戰」事件便是最佳例證。當年，德、法、英三國的軍隊進駐戰區，各據一方戰壕，中間隔著一大片鐵絲網環繞的土地，不屬於任何一方，號稱「無人區」，可謂名副其實，凡有命進去的沒一個有命出來。各國部隊的營地之間僅有百米之遙，差不多是美式橄欖球場的距離，彼此近到可以聽見對面談話、聞到煮菜味道的地步。1914年聖誕前夕，在激戰的間隙，和平突然「爆發」了，起因無人確切知曉，似乎是由於雙方都在唱聖誕頌歌，而且還合唱了拉丁文版本的《齊來崇拜》。接著，兩頭互喊「聖誕快樂」，承諾互不侵犯：**你們不開槍，我們就不開槍**。戰士互換香煙、食物、衣服等禮物，雙方也終於能夠埋葬倒下的戰友，不再任憑屍體在無人區潰爛腐朽。

　　當時，有若干將軍對休戰感到不滿。據報導，還有一位名叫阿道夫‧希特勒的年輕德國下士，譴責德國人「恬不知恥」。在這次短暫休戰期間，聖誕節的共同理念勝過了愛國情操，軟化了敵人的刻板形象——原來德、法、英軍隊並非那般扞格不合，起碼大家都擁有聖誕節的悠久傳統。

　　遺憾的是，好景不長，起初引發戰爭的狹隘價值觀最終還是佔了上風，戰火再度引燃，最後共有大約一千五百萬人喪命。

當今之世，社群媒體對價值觀具有舉足輕重的塑造作用，它的意見過濾機制讓人的思想變得像一次大戰的軍營那樣牢不可拔，人們懶得再去聽他人闡釋觀點，連**半點意願**都沒有。其實，大家是有共同價值的，彼此之間可以更有人情味，以合作取代分裂，但是民意不斷兩極分化，把共同點都給障蔽住了。試看，共和黨與民主黨有工夫互相鄙視，卻不肯花心思了解一下黨派標誌背後的價值體系。再說，工商業的開拓精神一定會損害弱勢群體權益、破壞環境治理嗎？倘若我們打開心量，不去理會臉書和福斯電視台，或許會發現，自己反對的人其實往往和自己同心一意，彼此的理念原本是有共通之處的。誰知道呢？世界和平或許也有「爆發」的一天。

捫心自問，所謂價值觀，不就是抬舉到無上至理層次的個人觀點嗎？但觀點可以隨著新資訊的出現而調整，價值觀卻不容置疑與撼動，儼然深入骨髓，成了「我」的一部分，豈能說變就變，當然要捍衛到底，哪怕要為此與半個世界決裂，甚至同歸於盡也在所不惜。若非如此，怎麼會有人願意為了某種意識形態而不惜奪人性命，甚至給自己綁上自殺式炸彈？

> 因為你珍惜什麼，它就會成為你心目中的自己的一部分。凡是讓你恃物以自重的一切，只會……（讓你）看不清自己的價值，在你邁向覺悟自性的路

上，平添重重障礙。（W-128.3:2~3）

我們或許可以抬頭挺胸，大聲宣稱：「我熱愛自己的信念與理想！」然而，其中並沒有愛，只有奴性思維，表示你甘願讓自己所相信的理念來決定自己對待人類同胞的方式。說來說去，價值觀跟真實自性無干無涉，就像我們穿著的衣物和收看的電視節目一樣屬於外在之物。再者，價值觀不僅可以改變，而且勢必會隨著年齡和閱歷增長而「潛移默化」。說到底，任何價值都不具有放諸四海而皆準的絕對性或普遍性，我敢保證，抱持不同觀點、能跟你爭長論短的永遠大有人在。

角　色

生活為我們賦予了許多角色，有些是強加的，有些是自願的，對於人應該活成何種面貌、取得哪些成就，多半早有定見；人一出生便進入這樣的世界，接受來自父母、兄弟姐妹與整體文化氛圍的要求。

在人類歷史長河的大部分歲月裡，個體的角色是由長幼嫡庶和生物性別來決定的。男性主要負責養家糊口，特點是氣力過人，好勇鬥狠。女性則受制於生兒育女的需求，人生的選擇被大幅壓縮。幸而這些僵化的角色已經開始鬆動，但一個人受到怎樣的養育、學到何種世界觀，依然深受性別影

響。男孩應該爭強鬥勝當領頭羊，女孩則須和順溫婉（或者學習在幕後操控大局）。

有一項實驗，讓成年男女觀看一小段嬰兒哭泣的視頻，若說那是一名女嬰，這些男女就會心疼地說：「哎呦，瞧把她傷心的。」若說是男嬰，他們的反應便截然不同：「這孩子，太不像話了！」（我們會在下一章探討性別語境對於人生視角的影響）大人從小告訴我們，男孩發火是可以接受的，亦屬正常；女孩則應傷心落淚，方合常理，倘若怒形於色，必遭責備，畢竟女性是要成為母親和妻子的人，這樣的身分才符合世俗傳統對於女性角色的認定。相應地，男性悲傷流淚或是承認恐懼，也會遭到迎頭痛擊——在冷酷無情、弱肉強食的商戰世界，這副德性豈有立錐之地？

兒童在成長過程也會根據自身的個性與能力承擔相應的角色。聰明還是遲鈍？機敏還是笨拙？領導還是下屬？冒險家還是避險家？獨行俠還是交際花？循規蹈矩還是打破成規？可以說，每種性格特徵都會把你推向某些角色，遠離其他角色。

當然，我們大可換掉自己不喜歡的角色。青春期和成年之初便是嘗試不同角色的絕佳時機，我們可以反抗父母強加的觀念，尋找新的榜樣加以效法。隨著心智能力不斷成熟，可能還會發現連家人也未曾留意的潛能，得以扮演水準更高的角色。

當人有了工作和子女，他的自我意識層面又會疊加新的角色。比方說，醫生受到的訓練是隨傳隨到，一旦碰上緊急情況便要即刻覆命，且不求加班費。消防員冒生命危險拯救蒼生，經常目睹令人翻胃的各種死法，而這都只是消防員的家常便飯。做皮肉生意的則要把身體當作商品來展售，學習各種撩人的動作，假裝與人親密來換取報酬。我在《從瘟疫到奇蹟》一書中，講過一個被父親教養成為白領罪犯〔譯註〕的故事。當事人把僱主騙得團團轉，頗有手腕，很是得意，同時卻又自覺多行不義，深以為恥，不得不整天提心吊膽，隱瞞自己的所作所為。可惜，他缺乏相關的教育，不知如何改過自新，扮演更有意義的角色。

當我們在聚會中遇見新朋友，最想知道的並非對方姓甚名誰，而是他的身分，也就是他所扮演的角色以及他所抱持的價值觀，看對方是否跟自己有共同點。他有孩子嗎？（換言之，為人父母是不是他的主要角色？）你們的孩子是否年紀相仿？他是好家長嗎？（也就是說，他的育兒理念是否與你相同？）他單身嗎？（可以做伴侶嗎？）做什麼工作，經營何種事業？（地位比你高還是低？）在哪裡長大？哪裡畢業？有哪些興趣愛好？政治和宗教的信仰是什麼？（你們能合得來嗎？）以上都是構成一個人社會身分的元素，然而，仔細一想，這些是否屬於人的**自性**？如果是，那便表示這些

〔譯註〕指腦力勞動者在工作中從事詐騙、挪用公款等犯罪行為。

元素是我們的固定組成，始終如一，至死不變。事實顯然並非如此，我們扮演的所有角色都有轉型或結束的一天，孩子會離開父母，單身的會與人結成一對，事業會以退休、失業或疾病收場，朋友和愛人也可能一刀兩斷、天各一方或是陰陽相隔。

佛學作家史蒂芬‧萊文陪伴指導了數千名臨終病人，他在精彩著作《死的人是誰？》中請讀者思考：當你罹患重症，大限將至，曾經令你高枕無憂的熟悉角色也盡數退場，最後剩下的是什麼？當殘疾使你無法工作時，你是誰？當你不能開車、不能獨立時，你是誰？當你雙腿不聽使喚，無法行走，大小便也失禁時，你是誰？若是推到極致，當老年癡呆症奪走了你的記憶，使你再也認不出親生的兒女時，你又是誰？在以上每一種情況中，所剩之物為何？可是**自性**？

看來，想要道破自性的本質，還真是件苦差事！價值和角色或許是人與人在社會建立聯繫的紐帶，你卻不能說它們是自性的根本。先前說過，知曉自己的本來身分和生命本質乃是尋獲平安與幸福的不二法門，而我們竟然對此毫無頭緒！難怪幸福與平安一直與人失之交臂。

永劫無心

我們就像《妳是我母親嗎？》一書當中的雛鳥，已經探問過許多候選人：「你是我的真我嗎？」如今，我們知道，名姓不是真我，身體經不住推敲，腦中喋喋不休的聲音同樣不堪勝任，回憶和人生故事也太不牢靠，不足以充當自性的立足基石，更何況回憶是過去的產物，而自性卻存於當下。此外，我們心心念念用來裝點個人身分的價值和角色，也難逃消失殆盡的命運。總而言之，以上無一足以描述人的真實自性。

然而，這些候選人似乎或多或少捕捉到一點我們心目中的自己，若是將它們組合起來，是否能拼湊出一個鬆散堪用的自我樣板呢？其實，大多數人心目中的自己就是這樣拼貼而成的，我們認為自己是過去一切生命經驗的總和，化身為生命棋盤上的一具肉身，在內心聲音的指揮下，根據自己那套獨特的價值理念來切換不同的角色。種種身分疊加在一起，便構成了人的自我概念。

聽來似乎言之有理，人確實都是這樣過來的。只不過，這樣的自我概念有個嚴重缺失。根據《課程》的說法，真理亙古不變，因此自性也是恆常不易的。（的確言之有理。如果變來變去，豈能算是至理？變化前是真，還是變化後是真？）真理應當永恆如是才對，可是，我們已經看見了，身

體、記憶、價值、角色，都是會改變的。因此，無論我們如何想方設法把這些東西黏合包裝在一起，湊合出來的自我感也永遠無法穩定持恆，遑論真實。從現實角度而言，若是如此東拼西湊，所得確實就是自己的本來面目，那麼這副尊容顯然不足以帶給人長久的幸福與平安，我們大概還得另找更有前景的替代選項。

實際上，這麼湊和出來的混合物也確實並非人的真我，充其量，只是一般人強烈認同的「自我」，《奇蹟課程》把這一虛幻之我稱為「小我」，我稱之為「**永劫無心**之我」。無論冠以何種名稱，也都是人們在尋找真理、平安、自由、幸福的最大障礙，讓人永無休止在虛幻街燈的昏暗光色中瞎摸亂找。

> 自我概念有如一個擋箭牌，默默擋在真理面前，使你看不清真相。（T-31.VII.7:1）

《奇蹟課程》毫不含糊地指出：小我，也就是永劫無心之我，註定無緣於真理，因為它本身即是虛幻，**壓根兒就不存在**。稍一深究，便會發現，自我概念虛如夜半煙霧，幻若鏡花水月，只是惑人耳目的迷魂陣罷了。

> 小我是什麼？就是虛無，外表上卻顯得真有那麼一回事似地。……沒有一個謊言能夠透過界定的途徑而弄假成真的。（C-II.2:1~2;3:1）

　　試問，虛無如何令人心滿意足，給人真實、長久且具有實質意義的東西呢？

　　無論如何，你不可能經由幻境來抵達實相，好比你無法指望夢中的旅行能夠抵達任何實際的處所。縱然你自認有所長進，但現實隨時都會改變，甚至在朝夕之間化為烏有，一睜眼睛，發現自己又回到了起點，陷入和當年一模一樣的困境。既然是幻覺，表示它毫不真實；而真相之所以為真相，便不可能與幻覺沆瀣一氣然後還保有其真實性，就好像你不可能往飲用水中加入若干致病的細菌，然後依舊稱之為純淨水。

　　「永劫無心」只是一個冒牌貨，它把真我綁架，藏入一個令你眼花撩亂的世界，其中充斥著各種虛幻的選項以及永無寧日的衝突，幢幢人影相互激鬥，對著名為「過去」的假想敵頻頻出拳。種種價值與角色把世界五花大綁，包得嚴嚴實實，令你看不到唯一能令世界別開生面的願景。而人非但容忍世間的不公與苦難，甚至還心懷敬畏。說穿了，「永劫無心」這一招就是為了讓你相信：**人生如此，在所難逃**——你不過是無序旋轉的混沌中生出的一個轉瞬即逝的小不點，根本無力扭轉任何事情，到頭來連自己的小命都保不住，早晚是死，怎麼折騰都是白費，而大多數人甚至懶得尋找出路，被「永劫無心」磨成了行屍走肉。對此，莎士比亞筆下的馬克白有一段優美的描述。當他周遭的世界土崩瓦解時，

他說：「人無非是行走的幻影、可憐的伶人，在亮相時刻，或趾高氣昂，或愁眉不展，然後便再無聲息，好比愚人所講的故事，聲色與狂熱俱足，到頭來卻是一場空。」

　　幸好，在這幅慘澹圖景之外，另有大不相同、真正別開生面的人生選項。

永志一心的那位

　　你現在應該已經明瞭：若要求得真理，便須卸下一切非真之物；若是渴望幸福，便須根除所有滋生不幸的苗種；想要獲得自由，就得認清束縛你的種種枷鎖，逐個撬開；希冀平安，便須擺脫唯恐天下不亂的心態。換言之，真理、自由、平安、幸福，並不需要你採取特殊行動或是制定特殊方案才能獲得。你根本什麼都不用**做**，因為一旦要做，勢必需要身體的參與，影射出自認先天不足的心態，認為只有靠身體的某種作為才能彌補本來的殘缺。這種無頭蒼蠅式的追逐只會讓你原地打轉，在自我監禁的囚牢中不斷狂奔，到頭來還是在做「永劫無心」的階下囚。

　　你無甚可**做**，卻有一堆需要**解除和化解**的。你必須撕開自我的外衣，推倒自己在真理前面豎起的障礙。真理不在過去，也不在你想像中的美好未來，它就在此時此地，在

這——個——當——下。當然，它也不在外面的世界，因為心外無**物**（下章詳談）。

> 那些仍在尋找光明的人，只因自己蒙住了眼睛而已。光明此刻已在他們心內。悟道不過是一種體認，它不曾改變任何東西。（W-188.1:2~4）

　　一直以來，你都相信這世上有一盞特殊的路燈，自己遺失的喜悅密鑰就在它的璀璨光輝中，只要你堅持不懈在那片疲憊的土地上努力摸索，終有一日會得償所願。果真如此嗎？別再寄望於外面的燈了！照亮真理之路的那盞明燈就在你心裡，喜悅與平安非你莫屬，這是由你的本質，純然由你的真實自性所決定的，而非因為你做了什麼。《奇蹟課程》把眾生本具的真實自性稱為基督或上主之子（請看，《課程》為傳統的基督教術語賦予了迥然不同的全新意義）。本書將這一自性稱為「永志一心」或「永恆之心」，一來，與「永劫無心」作個對照，二來，這個自性也確實恆常如是，不可更變，永遠都是最純粹而抽象的心靈——不增不減，因為它**就是**唯一的實存。

　　「永恆之心」本質是愛——遼闊，熾熱，不設條件，亦無極限，在世上體現為平安，喜樂，自由。然而，你若寧願「永劫無心」，這些心境便與你無緣；你若「永志一心」而覺醒於實相，這些感受便會不請自來，因為那原本就是生命天然的屬性。

我在《從瘟疫到奇蹟》一書中，藉由〈出埃及記〉的故事，分別將摩西和法老解讀為靈性和小我的象徵，亦即「永志一心」與「永劫無心」的化身，兩者的分野在於：

「永志一心」不受時空與肉體所限，無生存之憂，故無擘畫之心，亦不與人攀比境遇，在小我（永劫無心）喋喋不休之際，懂得沉默是金。它引導而不強迫，從不傷人，因而不知罪咎為何物。它不逼人採取行動，完全倚靠奇蹟運作，所以人間的因果法則對它無效……。最要緊的是，它總是為人帶來深沉的平安心境，在它面前，棘手的問題或麻煩，與其說會迎刃而解，倒不如說是一碰即散。在「永志一心」眼中，沒有問題，也沒有麻煩，至多只是單純的誤會罷了。心靈把一切看得明明白白，終於恢復了平靜。

《奇蹟課程》有許多篇章專門解釋「自性」與「自我」的區別，以下摘錄兩個片段：

不論你覺察與否，真理所在的那一部分心靈始終與上主保持密切的聯繫。另一部分則會遵照世界的法則來運作。因此，這一部分的心一直處於六神無主、猶疑不定的狀態。

至於聆聽上主之聲的那一部分心靈，則始終處於肯

定不疑的安心狀態。只有這一部分才是真實的。
其他部分只是瘋狂的幻覺，隨時伺機發作。（W-
49.1:2~4;2:1~3）

我們不妨再以電腦作譬喻，釐清兩者的分野。心靈好似
有兩套不同的操作系統，永志一心是一號系統，正如其名，
「一心」志在心靈的一體與結合，安身於真理之境，遺世獨
立。當心靈運行一號系統時，人便能活得知行合一，平安自
在，即使外界看似風雨飄搖，人也能巍然穩居內心的安定之
境，幸福是自然且必然的結果。

反之，若是依照老舊自我的那一套行事，所作決定必然
徒勞無益。只要認清這一現實，自然便會引入一號系統，讓
它成為一切生活決策的指標，《奇蹟課程》稱之為**救恩**或**救
贖**。我們好似酒精成癮者接受「戒酒無名會」的康復協助，
把人生交託給一個更高明的賢者，《課程》稱之為**聖靈**，整
個救贖計畫的推展以及你在其中所扮演的角色都由祂運籌帷
幄。只要願意學習接受聖靈的指引，讓祂為你安排人生，真
實不虛的答覆便會以奇蹟的形式降臨於你。

二號操作系統就是永劫無心。它也一如其名，乃是二元
對立的虛幻產物，相信有一個分裂而獨特的自我，已經從上
主與上主之子的一體生命中脫離出來，另起爐灶。這種對立
其實並不存在，也就是說，二號系統根本無以立足，內核帶
有缺陷，導致它所提出的問題和結論全都虛妄無比——每

算一次便錯一次。（還記得本書「導言」所提到的 2 + 2 = 5 嗎？）

> 「憑著他們的果子，就可以認出他們來⋯⋯凡好樹
> 都結好果子，惟獨壞樹結壞果子。」（〈馬太福音〉
> 7:16~17）

假相營造不出真理，真理也滋生不出虛妄，無一例外。

當上主按照祂的模樣造人時，編寫了一號系統作為靈性和永志一心的延伸。我們當初拋棄永志一心時，頓感惶惑，亟需一套說法來解釋那永遠也解釋不通的小我及小我世界，二號系統於是應運而生。問題是，既然上主是唯一的實存，那麼凡是與上主撇清界線，認為自己與上主井水不犯河水的思想體系，必然都是虛妄的幻想，在上主所造的唯一實相內毫無立錐之地。說穿了，永劫無心的二號系統只是我們虛構出來，強行套在自己身上的一組故事罷了。

> 你所營造出來的自我，並非上主之子。因此，這個
> 自我根本就不存在。它外表所做及所想的，不具任
> 何意義。因此也無所謂好壞。它根本就不是真的，
> 如此而已。⋯⋯你所營造出來的這個自我，一旦與
> 上主的旨意衝突，豈有招架之力？（W-93.5:1~5,9）

話說回來，你隨時都可以選擇自己想要運行哪套操作系統；而且這個本領是丟也丟不掉的，因為本性永恆不滅，即

使深陷永劫無心的夢中，選擇的能力也始終可資使用。你可以選擇運行二號系統，靠它蹩腳的準則來過日子，甚至就這樣終此一生。但是，下一刻你仍然有回心轉意的餘地——此話絕非虛言！根據《奇蹟課程》的說法，這是你我所能做出的唯一**真實**的選擇，也是唯一能夠帶來真實效益的決定。

　　二號系統令人常感妄身不明，內心焦渴，四處流浪，尋尋覓覓，卻始終一無所獲，心中空蕩無依。一號系統則帶給人足以解決一切問題的答案，那就是奇蹟；因為奇蹟來自真實境界，而人間的問題則源自假我或說小我，是故全都似是而非。本書第六章會為你解說，凡二號系統看來是奇蹟的，一號系統卻覺得再自然不過了。這也難怪，試想，你若慣用某款錯漏百出的人生導航，某天改用新導航，意外走對了路，當然會讚歎不已，感覺發生了奇蹟。

　　這兩套操作系統有個特點，就是永遠互相排斥，無法同時運作。正所謂一心不能二用，運行了一號系統，二號系統便中止運作；運行了二號系統，一號系統便退居幕後……，但它不會徹底消失，這點我們已經提過，幻相終究頂替不了真相。

　　聖靈和小我都屬於你的一種決定。兩者構成了心靈可能接受及遵循的所有選項。聖靈與小我是你絕無僅有的兩種選擇。一個出自上主的創造，你消除不了它。另一個是你自己打造出來的，因此是可以消

除的。（T-5.V.6:6~10）

　　選擇什麼操作系統，便會形成什麼樣的自我概念。想一想，你是純粹的小我，永劫無心？還是不朽的上主之子，永志一心？選擇權操之在你。其實，能選的也**僅此而已**，然而，這一選，足以定乾坤。

第 *2* 章

所見即所信

知見藉著分別取捨而造出了你眼前的世界。此言不
虛，它確實是根據心靈的指示挑選出自己想要的世
界的。（T-21.V.1:1~2）

你渴望什麼，就會看到什麼。（T-21.II.9:5）

我祖父亞瑟1922年從俄國移民到美國，之前經歷過
1917年的布爾什維克革命（即十月革命），曾經二度從行刑
隊死裡逃生，在那個動盪的年代，發生了無數驚心動魄的故
事素材，在那當中，反倒是一個不太有戲劇性的故事，給我
留下了最為深刻的印象。

1917年，馬克思主義者掌權，有意向俄國人民展現新

政府體制如何優於西方資本主義，為此到處公開放映一段
電影短片，呈現美國人民的悲慘處境。影片中，一群飢腸轆
轆的年輕人盯上了地上的一塊麵包，旋即瘋狂競逐，你追我
趕，相互推擠，爭先恐後地撲上去，竟然一個壓一個地疊成
了小山，彼此扭打在一塊兒，只為從那塊寶貴的麵包上撕下
一小塊來充飢，足見美國的食物有多麼緊缺。這部短片給我
祖父留下了難以磨滅的印象。

　　不過，有關西方的景況，他倒也聽過不同的傳聞。為
此，他穿越歐洲，最終登上了前往紐約港口的輪船，想要親
眼目睹美國究竟是什麼樣子，然後再回國與家人團聚。孰料
這一走便是永別，家人後來大多命喪於納粹集中營。（他老
淚縱橫地向我傾訴，自己從未與母親好好道別，滿心以為還
有相見的一天）

　　我祖父一到美國，便聯繫親戚幫他找工作，不久開了自
己的小商店，口袋裡有點閒錢，開始頻繁光顧電影院。有一
天，他坐在黑暗的影廳觀看卓別林的電影，忽然不能自已地
大笑起來，而電影正片分明尚未播映呢，周圍觀眾的表情可
想而知。令他捧腹的是一段橄欖球比賽的剪輯，某位球員接
球不力，其他球員一擁而上，衝向前場，疊羅漢似地一個壓
著一個，極力搶回失球。我祖父猛然意識到，**這**便是他當年
在俄國看到的那段影片，所不同的，眾人追逐的不是麵包，
而是橄欖球。他們也並非因為飢餓而不顧死活，只不過是在

遊戲罷了！俄國政府從運動賽事的膠片中截取片段，去除場面的一切背景，再移花接木把橄欖球換成麵包，將影片用作鼓吹意識形態、證明共產主義優於資本主義的工具。誠然，在俄國大排長龍買麵包並非易事，但總遠遠好過在美國為一塊麵包大打出手。

人在認知世界時，相關背景和周遭環境具有舉足輕重的意義。一個中等身材的成年人，放到美國籃球協會的運動員中間，便會顯得十分矮小，但若讓他站在幼兒園學童的身邊，便宛若高聳的巨人。顯然的，無論微觀、宏觀，所有知見都離不開它所在的環境和背景，否則人便無從評估自己的所見所聞所感，只有放到**背景**裡才能形成**反差**，從而打下分別取捨的基礎，為知見提供立足之本。

攝影師便是此中高手。想要表現阿爾卑斯山的壯觀，便須在畫面中安置一個人物，用他的渺小來襯托山脈的雄偉。我們既需要一個關注的焦點，又需要映襯焦點的背景。簡而言之，知見需要背景才能成立，否則根本不具任何意義。

缺失的背景

若干年前，有位在我這裡接受心理治療的病患告訴我，他曾與我的同事 B 博士進行過兩次心理諮商，效果不彰。我

與B博士雖無私交，但她在業內乃是響噹噹的一號人物，我想不通這位病患何以不願再接受她的治療。患者解釋道，在那兩次治療現場，他吐露了童年受到性虐待的痛苦經歷，那是他首度向人傾訴隱衷。B博士雖然努力保持充滿同理心的表情和聲音，卻掩飾不住渾身的不自在，在椅子上扭來扭去，甚至一度突然離座，來回踱步，一副坐立難安的樣子，還把目光從病患身上移開，望向窗外。難怪我的病患會如此下結論，說B博士自身也一定有尚未開解的性虐待課題，試問，這樣的治療師如何治得了別人？我雖然想替B博士開脫，卻無力辯駁。看來，她名不副實，不是一個稱職的治療師，本身心病未癒，至少在這個課題顯得力不從心。

　　話說回來，我對B博士生出如此強烈的負面感受，必然是由於小我已經插足其中了。身為奇蹟學員，我太了解小我出動的跡象了。因此，我發願放下對B博士的評判，同時不再於患者面前設法為她辯護，免得適得其反。要知道，有多少受虐兒童，最後只得到一句「施虐者也有難言之隱」的藉口。話雖如此，在我心裡，我寬恕B博士的失職，畢竟，我如何知道她正與哪些來自過去的心魔搏鬥，又有什麼資格對她妄加評判呢？我唯一該做的，是在心裡祝福她平安。

　　不久，我與另一位同事共進午餐，對方忽然提到了B博士的名字。我忍住不提自己從病患那裡聽到的說詞，只豎起耳朵聆聽。原來，B博士近來的確過得十分辛苦，但是原因

與我和患者的設想截然不同。真相是，B博士最近做了大面積的背部手術，恢復得並不好，大多數時候都很難受，上班時為了不影響診療工作，還刻意不吃止痛藥，坐上一時半刻便疼痛難當，不得不起身活動。

我終於明白B博士為何老是侷促不安地踱步，因為事件的完整背景已經了然——病患的受虐回憶固然令人如坐針氈，但B博士的行為純粹是由於身體的疼痛。我只是覺得奇怪，她為何不向患者說明一下？想來，大概是有意保持職業界線，這也是情有可原的。

然而，先前的誤解又是從何而來呢？我的患者以受到性虐的經歷為恥，認定人人都會因而瞧不起自己，即便是治療師也不例外。基於這樣的心理背景，他一見B博士坐立難安，便以為料中了對方的心思，從此再也無法釋懷。而我只顧同情他的立場，對他的話照單全收，甚至懷疑起同行的專業能力。總之，我們的看法全都受到了自身立場或背景的影響：患者是站在自己曾經受虐的角度思考問題，而我則是因為過去見識過不少治療師藉著病患來療癒自己的心病。無論如何，我們兩人掌握的訊息並不全面，結果差之毫釐，謬以千里！

網路有一段搞怪的視頻流傳了許多年，講的便是知見的選擇性。視頻中，六個人圍成一圈，站在一個不大不小的房間裡，一半穿白襯衫，一半穿黑襯衫。影片提示，這些人會

來回傳遞兩個籃球，觀眾的任務就是緊盯白衣人傳球的次數，最後再與實際結果比對。

觀眾目不轉睛瞄著籃球，計算白衣人傳球的次數——一次，兩次，三次——這時，有個穿猩猩服裝的人，穿過眾人圍成的圓圈來到房間中央，然後又駐足瞪視鏡頭，捶打胸脯，可是大多數觀眾卻視若無睹！只因觀眾全神貫注於傳球接球，而罔顧了自認無謂之事，哪怕它那樣引人注目，正常情況下是不可能注意不到的。

在這個案例中，觀眾要看籃球傳遞了幾回，於是便（根據影片要求）預先將籃球從環境中抽離出來，作為重點觀察，但也因此忽視了畫面的全景。

魔術師就是使用這種手法來轉移觀眾的視線，讓人看不見戲法後頭的暗箱操作，而觀眾也自願配合，以便在戲法的最後一幕享受驚喜。政客同樣是偷梁換柱的高手，善於把選民的焦點集中在一些空洞的口號上，避談尚無解決方案的實際議題。

說到底，避實擊虛、片面誤導，絕不只是魔術師、政客或是穿猩猩服的人的專利，我們自己其實也天天都在玩這類把戲。比方說，當我們一心尋找感情伴侶時，便會無視對方妒忌、酗酒或是公路撒潑的行為，把所有的警訊通通丟到一邊，不當回事，只盯著意中人的正面特質。然而，時日一

久，類似事件層出不窮，情人眼中的西施便美貌難再了。對方的底細盡數入眼，分手便成了必然的結局。

　　精於操縱知見焦點的還有詐騙分子，用這招騙個大把鈔票絕不成問題，他們的方法不外乎繪聲繪影地描述天上掉餡餅的收益前景，拍胸脯保證他們兜售的任何方案肯定穩賺不賠，若有人勸你慎重考慮，便是見不得你好的傢伙，現在只需預付一筆現金，即可參與這單買賣。心思單純的人一聽到有這等輕鬆致富的好事，立刻深信不疑，無視於任何不利的證據。新聞曾經報導：有一個惡名昭彰的詐騙推銷員，被捕時已經差點得手，受害人得知自己幾乎被騙，非但不感激警方，還氣急敗壞，怪他們搞砸了這筆千載難逢的買賣，令警方訝異不已。

　　我們驚歎世上竟有此等不可救藥的冤大頭，殊不知也只是五十步笑百步，因為自己其實正處在「永劫無心」的騙局中。這傢伙向我們打包票，只要有了愛情、名望、財富、權力，人就會快活，結果幸福並未如期而至，永劫無心一直在說謊。我們得知真相後，不僅沒鬆一口氣，還惱羞成怒，堅持留在裡頭——**我不相信他會背叛我，他才說他愛我；這支股票會漲回來的，我說得準沒錯；我下支音樂視頻一定會在** YouTube **上紅紅火火，讓我名利雙收。**

知覺的陷阱

「捨大取小」乃是人體知覺的基本運作方式。不聚焦，便不能視物；不蔽雜音，便不能辨聲。人必須從大環境中選出想看的物件和想聽的訊號，方可形成知覺。雖說眼睛天生就能感光，耳朵天生就能聞聲，但人最終還是得靠經驗才能理解所見所聞**究竟為何物**；而所謂理解，無非就是把前景與背景、中心與外圍、客體與環境區分開來，然後賦予特定的意義。

這不禁令我聯想到先天性白內障。這類病人一出生就患有白內障，在過去，白內障屬於致盲性眼病，後來醫學界研發了移除白內障的外科手術，滿心以為白內障一除，那些病人便會復明，得到前所未有的完整視力。結果令外科醫生大吃一驚，病人術後依舊無法視物──至少一開始不行。他們的眼睛雖然「看得見」，卻只能看到模糊的形狀和顏色，分不清空間的層次和意義，非要經過一段時間的學習，才有能力辨識形狀和顏色，慢慢將視力調整到一般人的狀態。

同樣的，從未看過電視的土著也無法像一般人那樣看到螢幕上的圖像，他們的大腦欠缺處理這類畫面的經驗，不曉得如何將成千上萬的畫素（或畫面的數字信息）組合成可識別、有意義的畫面，只有反覆接觸電視，視覺神經不斷去回應畫面，感官才會漸次發育，完成微調。

　　這些現象其實不足為奇。感官的運作有點像電視螢幕的畫素，就拿觸覺來說，皮膚紋理下面的各種觸覺感受器，雖然能夠記錄壓力、疼痛、冷熱，卻不懂得所碰所觸為何物，要等到累積了一定的經驗，才懂得給母親柔軟的面頰和滾燙的煎鍋賦予不同的**意義**。視覺也是如此，視網膜對尖角和圓角會產生不同的反應，但這些原始數據必須靠大腦進行高端的整合，方可形成不同的視覺，而整合是需要學習的。同理，內耳耳蝸中的微小毛細胞會根據聲音頻率的差異而產生相應的反應，但人類還是需要練習，才能學會「聽出」教授演講與莫扎特奏鳴曲的區別。語言亦然，如果某種語言缺乏特定的音，成年使用者便聽不出這些音。比方說，日語當中沒有英語的 R 和 L 音，所以日語使用者怎麼也聽不出來，彷彿這些音並不存在。有趣的是，若是單獨發出這些音，日語人士是聽得見的，但是一旦放進一串話裡就聽不出來了，再次證明了意義是經由環境來賦予的。

　　再來瞧瞧動物。據傳，南美某些鳥類視力所及的光譜大於人眼，故具有看到紫外線的本事。牠們眼中的世界究竟是何等光景？無從得知，因為人眼壓根兒看不到。眾所周知，犬類的聽覺比人類靈敏許多，嗅覺也敏銳非常，經過特定的訓練，便可聞出化學爆炸物或癌細胞的分子。即使普通的狗兒也嗅得出別的狗何時標記了領地，並用新的標記來回敬對方，彷彿在用味道跟另外一隻狗握手，而這一握便能留存數日。由此可見，狗和人類感知到的世界完全兩樣。究竟如何

不同？套用一句古語：「子非狗，焉知狗之樂？」

　　進而言之，假若「心」真的是一身之主，那麼，身體五官所呈現的世界必然有心的主觀造作在裡面，甚至於完全就是心靈捏造出來的。這樣說，並非不可能，因為人體收集到的資訊全都是經過感官和頭腦的過濾、轉換而來，無一不具有主觀色彩，搞不好都是人自己「炮製」出來的，天曉得「外面」是否**真的有**一個獨立於心靈的空間！「唯我論」便認為，人所知所見不外自身。這番論調固然並不怎麼受到認可，卻把哲學家和科學家搞得很頭痛，原因是他們也無法證明真偽。人類認為自身知見具有絕對的「真實性」，其實只是一廂情願罷了，為此還付出了巨大的代價，卻始終不曉得自己到底哪裡看走了眼，甚至壓根兒不願承認自己**有**任何漏看的可能。

　　《奇蹟課程》不厭其煩地點明，人類一直錯過了廬山真面目，被自己的一廂情願迷了心竅，不曉得在自身認定的世界之外，還有更為廣闊的存在境界；但那境界不在外頭，而在人心。可惜，人一味依賴知見，結果反而丟失了心靈這個源頭。試想，小我世界若是真實不虛，靈性的境界豈還有立錐之地？別忘了，一號系統和二號系統是無法並行的，啟動一個，另一個便會休眠。你若以小我為憑，不啻將它的知見當成認知現實和立足人世的基準，結果必會落得個「漫無目標地獨自流浪，不知所終，也一無所成」的下場（T-24.

VI.9:2），心中那點幸福的指望被現實反覆蹂躪，有若天涯
浪子，只因你跑到了錯誤的路燈底下摸索，想在變幻莫測的
知見世界尋得答案，而真理卻是在自心之內。

> 世俗知見……的認知完全建立在差異性上，每個畫
> 面都有錯落有致的背景，變化多端的前景，高低不
> 同，大小不等，明暗不一，以及成千上萬的對比；
> 每一物都想把另一物比下去，才能博得注目的眼
> 神。龐大之物會把小東西比下去。亮眼的東西會比
> 黯淡無光之物吸引人。在世俗眼中比較刺激人的或
> 是比較吸引人的觀念，都會攪亂心理的平衡。人的
> 肉眼最愛著眼於衝突。別想從它們那兒尋求平安與
> 了解。（M-8.1）

以過去為背景

除了身體的五根，永劫無心還有更厲害的法寶，它在感
官的基礎上又運用一套複雜的高等機制，替五官接收到的原
始數據進行加工，產生各種判斷和比較，為世界賦予意義，
搞出一大套道理，而這些道理必定是基於過去的經驗，如
此，便把真正的現實隔絕在外。說實在，這招的力道遠比感
官還要厲害。

　　頭腦便是為這類學習而施設的。人類一旦用了特定方式
來解讀某類經驗，往後在詮釋其他經驗時，便會觸類旁通，
依樣畫葫蘆。比方說，你辛辛苦苦爬上了一座山，見遠處又
有一座高峰，就會擔心那座山爬起來一定也很辛苦，當下便
想繞道而行。假設你被怪聲吵醒，且分辨不出是何種響動，
難免便會疑心家裡有人闖入，想帶手電筒前去查看，有槍的
還要把槍帶上；有人害怕會出事，乾脆把自己反鎖在浴室
裡；也有人絲毫不以為意，翻身便睡。各人反應如此不同，
只因過去學來的經驗大不相同，分辨怪聲的心理背景便也隨
之有異。一個吱吱作響的老房子裡住了幾十年的人，多半不
會把怪聲當回事，但剛搬進來的住戶則不免提心吊膽。除此
之外，過去的經驗還跟每個人的身分和生命故事有著千絲萬
縷的糾纏，身經百戰的前海軍陸戰隊員、體弱多病的八十歲
寡婦，夜晚在臥室遭人強暴的少年男女，面對怪聲的反應絕
對不會一樣，彼此迥異的人生閱歷不僅塑造了他們的身分，
更決定了他們面對事件的因應方法。

　　還記得某一天下午，我與內人坐在屋後的露台，面前的
小樹林裡有棵樹搖搖欲墜，半靠半倒在另一棵樹上，若非鄰
樹枝幹粗壯，它早就倒地不起了。我自言自語道：「這樹該
砍了，好端端壓在人家健康的樹上，造成多大負擔？如果砍
了，那棵樹一定舒服不少。」內人一聽，登時喊道：「那可
不行，砍了的話，另一棵樹多孤獨啊！」我二人看待此事的
心理架構迥異，只因童年經歷不同，才會對這兩棵樹的關係

產生截然相反的觀點：一個覺得是負擔，一個覺得是陪伴；一個覺得會解脫，一個覺得會孤獨。婚姻幸福的愛侶尚且可能同床異夢，紅塵中人動輒離心離德又何足為奇？難怪人間總是合久必分，亂局不斷。（為了滿足讀者可能的好奇，那兩棵樹最後安然無恙，或者說，我們是任其自生自滅的。如何解讀，端看個人視角）

人都是藉著過去的經驗來給當下所見賦予意義，連最細微的小事也不例外，無怪乎《奇蹟課程》大膽斷言：我們根本看不到任何事物的本來面目，眼中所見，盡是過去。以下是書中明確而細緻的推理邏輯：

> 例如，你看到了一個杯子。你是看見一個杯子，還是僅僅重溫你過去吃早飯時口渴了，拿起杯子飲水，感到杯子邊緣觸到唇邊種種經驗？你對杯子的欣賞是否也基於過去的經驗？否則，你怎麼知道，你一鬆手，這杯子就會摔破？若非你過去學過這杯子的性能，否則你怎會知道？除了你過去學來的觀點以外，你對這杯子其實一無所知。那麼，你還敢說你真的看到它了嗎？（W-7.3）

如果不藉由過去的經驗，我們根本不曉得該為當下事物賦予何種意義，小到杯子，大到複雜事件，無一例外。

某些令人恐懼的創傷經驗，或是傷害親近之人的經歷，

更是後勁強大且綿綿不絕。假如你夜裡曾經在某塊不甚太平的城區被人拿槍頂著搶劫，下次你朋友提議去逛那一區的夜總會時，你就會惴惴不安，覺得**那裡畢竟出過事，難保不會再出亂子**，彷彿肉裡扎了根刺，一有事就浮想聯翩、憂心忡忡。這種情緒是在警告你規避潛在風險，倒也算是一種生存機制，並非毫無可取之處，只不過你要留心：每固定一組聯想，便等於用先前的經驗套住當下，對世界的認知就會隨之固化，曾經感受到的恐懼也會輸送到今時今日，因為擔心舊事重演，就是在為恐懼續命，世界在你眼中也就顯得危機四伏、多災多難，一說去新城區走走就畏首畏尾，聲名狼藉的區域更是不敢踏足，整個人淪為恐懼的奴隸，半點也不敢從心所欲。

1980年代，我曾替一位年輕的越南男子做心理評估，他騎機車發生車禍以後患上嚴重的頭疼病，斷層掃描什麼都診斷不出來，他的專科醫生也找不出頭疼的病因，只好將他轉診給我這位精神病理學家。

在口譯人員的協助下，我進行了一段耗時甚長的細緻對談，得出的第一個結論就是：此人其實並未患上一般意義上的頭風病，只是車禍後還殘存若干**頭痛之感**。第二個發現是：他兒時經歷過越戰，有位叔叔頭部被彈片擊中，雖然順利康復，卻一直叫疼，數月過後更是毫無預兆地猝死。我這位患者自從車禍開始頭疼，便認定自己會和叔叔落得同樣的

下場，心中恐懼萬分，甚至不敢向人傾訴，每天早上凝視鏡中的自己，都懷疑當天就是自己的死期，唯恐自己會像叔叔一樣倒地猝死。他根據過往的經驗，認定傷後頭疼不斷，就是死期不遠的徵兆，所以一疼起來就心急如焚，苦上加苦。

頭疼與叔叔猝死的關聯揭曉之後，我便有了入手的空間，明白點出他的病情跟他叔叔的狀況大相逕庭，如此，便讓他擴展了自己對疼痛背景的認知，而不再滯礙於叔叔之死，即便頭疼再度發作，也能克服心中的恐懼，對頭痛的感受於是發生了天翻地覆的變化，不再像過去那麼杞人憂天，詮釋為將死之兆。後來雖然頭還是會疼，但是他已經不再因此而草木皆兵，痛感也逐漸減輕，不久便徹底消失了。

當你一相信某物，它對你就變得真實無比。（T-7. VI.7:7）

神經網絡與認知

美國西南的大峽谷國家公園奇觀，每每令驅車路過的遊客震撼萬分。貧瘠的大地上，鬼斧神工般交錯著千萬條深淺不一的溝壑，有的只是不起眼的斷層，有的則是深達50呎寬150呎的巨大峽谷。沙地乾燥，雨水一來就會帶走大量泥沙，久而久之，蝕刻出壯闊的溝道；往後暴雨再來，又會

重新沖蝕，繼續切割乾旱地貌。如此循環往復，峽谷愈變愈深，可說是一朝成形，永不消失。

　　人類大腦的運作原理，跟大峽谷的運作模式可謂異曲同工。某件事發生時所引發的感官訊息（「怎麼有怪聲？」），以及你的認知和詮釋（亦即你所賦予的意義：「肯定有賊！」），勢必會激活某一條神經元通路，形成神經網絡，把事件刻錄在大腦中。當類似事件再次發生時，這條通路便有很大的概率再度激活，重走先前的神經路徑，就好像一下雨，降水便會匯入既有的軌跡，因而加深水道。人類從最基本的事物辨識，到複雜的行為模式認知，全是按照這套流程運作的。舉個例子，大腦認為四條腿加一條尾巴再加吠叫聲音便等於**狗**，無論見了小吉娃娃或大丹犬，都會自動代入這個公式。這就是大腦的運作方式，它的一切經驗都會自我印證和強化。

　　我有位女性病患，第一次進我診療室，便說沒辦法接受我的治療。「為什麼呢？」我問道。「因為你身材高大，又是一頭黑髮。有個虐待我的男人也是人高馬大，深色頭髮。」這位女士簡單直接地把兩種男性外貌特徵與痛苦受虐聯繫在一起，一看到**高個子**與**黑頭髮**，她的神經網絡便自動運作起來，直接由這些特徵聯想到**施虐者**，陷入自我印證的循環而不能自拔。我反駁道，我戴眼鏡，還留了山羊鬍，欺凌她的人也是如此嗎？「哦，倒也不是，」她彷彿參透了什

麼驚天奧秘：「那我大概還是可以配合你的。」

也就是說，我在她的認知中加入了新資訊，她過往創傷經歷所建立的神經迴路便不攻自破。試想，倘若我**未曾**提供任何新的元素，任憑她倉皇逃出診療室，那麼，她的神經迴路不僅不會改變，還會進一步鞏固，讓她更加相信自己善於觀察，頗有明哲保身的眼力：「瞧瞧！這次又遇到黑頭髮大塊頭的惡霸，若非自己已是識途老馬，豈能成功脫身？」這情形正如同大峽谷的溝壑，每遇一場風雨，就會在侵蝕作用之下愈變愈深。

> 外表看來，是知見告訴你「你究竟看到了什麼」。
> 其實，它不過反映出你傳授給它的看法而已。它只
> 是賦予你的願望一個有形圖像或具體形相，使你的
> 夢想儼然如真。（T-24.VII.8:8~10）

民間有句俗諺：「錘子看啥都像釘子，覺得能敲兩下。」一般人身體有個小痛小病，通常不怎麼放在心上，但醫生一聽診，卻覺得有病臨頭，至於準不準就不一定了。同樣的，律師必須思慮周全，所作的合同才能避免日後紛爭，這類人在男女關係中難免也會特別注意察言觀色，殊不知人際關係並不似合約，日常衝突原本就在所難免。另如大廚吃飯時，會情不自禁分析菜餚口味是哪些食材和佐料搭配而成的，接著便琢磨如何做能讓味道更好。可以說，每個人看待世界時都會選擇聚焦於自認為重要的某些方面，形成自己的

一套看法。然而，人一開始本來並無這類預設的。

　　沒有人生來就像俗諺中的錘子，那麼愛敲打，都是後天習得，經過神經網絡的適應，形成固定思路，往後遇到新資訊便不再另行調整，而是直接分門別類，把先前形成的認知框架套在上面。做醫生的一定會把醫學知識用到子女身上，搞得孩子對疾病提心吊膽。律師則可能因為心目中的契約遭到破壞而終結一段互敬互愛的美好姻緣。（「他遲到十分鐘，已經不是第一次了！差點連電影都錯過，太不替他人著想了，我受夠了！」）當神經網絡已然定了型，再也吸收不進往昔經驗以外的新事物，人便成了過去的囚徒。

　　從此，萬事萬物真的就變成了我們的眼中釘，我們只看得到過去經驗教我們去看的東西。凡是我們**無視**的，便認定不真實甚至不存在，因而加以抵制。凡與我們意見相左的，必是不值一提的傻瓜，不然便是應該剷除的禍害。

* * * * * * * * *

　　我們不妨借用電腦領域的概念，來闡釋神經網絡的運作原理。電腦上有個能夠一鍵激活若干程式的功能，叫作「宏」或「巨集指令」（macro），原先需要分五次執行的操作，現在只要敲擊專門的按鍵，這五項操作便會自動依序執行，節省用戶的時間和精力。

　　知見的運作方式也大同小異。狗見多了，便無須經過
「四條腿＋尾巴＋叫聲＝狗」的知見運算才知道是狗，而是直
接「看見」一條狗。辨認車輛、面孔、屋舍、房間等等的，
也莫不如此。

　　人類神經網絡跟電腦巨集指令的運作機制毫無二致，它
會按照過去的經驗來分析當前知見的種類，啟動相對應的神
經路徑，自動為所見所聞賦予意義，全程無須意識的思考；
雖然省卻了思考和處理資訊的麻煩，可是覺性也同時被框住
了。小如個人，大似世界，凡是因循故習的，都逃不過這個
下場。

支離破碎的知見

　　如果你是自駕上班，請問你早晨爬進車子時，需要琢磨
路線嗎？當然不用，你早就輕車熟路，最多因為交通、降
雪、事故等路況問題而稍作調整，路上若有法拉利或救護車
從你身旁呼嘯而過，多看幾眼也就罷了。一路上，街道就是
你的整個世界，先路過鄰里，然後駛入高速路、出口坡道、
大街小巷，最後是公司的停車場，種種景象彷彿一幅你熟稔
無比的畫卷，一節一節在眼前鋪展。至於這一路上駛過了怎
樣的地形輪廓，你完全不知；所過涵洞的底下正汨汨流淌著

一條小溪，你也渾然不覺；哪怕是車子爬上了一座小山或駛過一連串彎道，你也不見得有所察覺。更不用說，車子開到市區，高樓林立，街道縱橫，你八成連太陽在哪或自己的行車方向都說不上來。

若是換成飛機俯視大地的鳥瞰視角，你之所見便不再是單獨的街道和設施，而是整塊土地——城鎮、工業區、河流、林地、山丘、峽谷，全都排布於同一畫框中。從高處俯瞰，人看到的是全景，這也是乘坐飛機之所以令人興奮的一大原因。

除了用道路切割自然地貌，我們還把它分出區塊，建造樓房，編配街道號碼，劃分出涇渭分明的社區、村鎮、城市、郡縣、州省、國家，每一塊都有自己的歷史、方言、口音，還有獨特的烹飪風格、習俗、法律。然而，千萬不要忘了，將大地劃分楚河漢界，都是人為的舉措，小我的造作皆是如此。

法國導演尚・雷諾瓦1937年的經典電影《大幻影》，有一幕場景完美詮釋了邊界的人為屬性。兩名法國戰俘，一個出身富裕之家，一個來自工人階級，彼此背景迥異，卻成為朋友，一起從第一次世界大戰的戰俘營脫逃出來，設法從德國全身而退，逃往瑞士這個中立國。影片的最後一幕，他們飛奔在白雪皚皚的田野上，朝瑞士邊境跑去。只見兩個微小的黑色身影在白茫茫的雪地上艱難前行，一名德國兵有所察

覺，舉起步槍準備射擊，身旁的士兵卻出手阻止，說這二人已經越過邊境，進入瑞士領土了。實際上，畫面中哪有什麼邊境，只有無瑕的白雪而已，但那幾步的距離卻判定了二人的生死。這可不是戰爭時期才有的一時僥倖，你若是一邊抽著大麻，一邊從科羅拉多邊境進入內布拉斯加州，搞不好就要鋃鐺入獄，享用牢飯了。

　　小我天生就愛在一體相融之處製造隔閡、分別取捨，不愧是分裂之念的親兒子，須臾不忘使命，一心要和上主的一體境界對抗到底。為了自成一家，不惜雕琢出一個樣樣都跟一體境界對立的知見世界，把裡面的事物拆了又拆，細分成無數迥然有別的人、事、物。放眼望去，滿眼盡是彼此獨立的個體，教人不經意間生出比較取捨之心，從此便落入小我的五指山。說到底，人間種種的歧異與分野不過是障眼法，用意就是讓人目不暇接，罔顧紛紜萬象背後的意圖，神智不清地把日子過下去，全然忘失上主那靈性境界的存在，以為沒了這世界便要天下大亂。然則，《課程》反而向我們保證：「如果沒有小我從中作祟，一切都成了愛。」（T-15. V.1:7）

　　小我還使出渾身解數制定了時間概念，但說到底，時間的流逝原本就可快可慢，全憑主觀感覺而定。假如你的主治醫生遲到，害你在診室苦等好幾小時，手邊除了幾本古老的《人物》雜誌舊刊，沒有任何東西可供自娛，你當然會覺得

度日如年。反之，若是去運動或是看場好電影，便有光陰似箭之感。然而，人類的時間概念卻並非如此度量，而是把一天分割成時、分、秒，再把天疊加為週、月、年，給時間強加上一成不變的固定性，可是現實並非如此。

　　我曾經參加過一些為期一週的研習會，一進門就要上交手錶、手機，研習結束方可領回。過程中的時間感非常特別，讓人覺得很自在。平時都是以小時為單位來制定日程，按時按點工作、吃飯、睡覺、行動、放鬆，自身的節奏卻完全打亂了，就好像自然風景被街道拆分一般。

　　就拿時區來說吧，人從一個時區進入另一個時區，究竟有何分別？你不過是開車走了一英里，忽然間一天的時間便增減了一個小時。亞利桑那州不守夏令時間，境內的納瓦霍族卻守夏令時間，而納瓦霍族領地內的霍皮族又不守。若在夏天驅車駛過亞利桑那州，時間一會兒多一小時，一會兒少一小時，變來變去，毫無意義，根本沒必要計時了。

　　有一次，我元旦前從紐西蘭奧克蘭飛往檀香山，登機前開了一瓶蘇格蘭威士忌慶祝除夕夜，抵達夏威夷時，因為跨過了國際換日線，時間反而來到了除夕的早晨，於是晚上又再度慶祝了一次除夕夜。看來，時間的劃定比邊境線還要涇渭分明。

　　當然，這些人為的建構也有它的好處。道路修成以前，

地形崎嶇不平，人只得徒步或是騎馬橫穿，景色或許更美，但也容易迷路。缺少了計時系統，社會便難以運轉，與朋友約時間吃晚飯也好，預訂航班也好，全都無從進行，更別指望讓所有人在同一時間「準時」上班了。

「永劫無心」強加於人的這些思維架構固然有助於時空領域的正常運作，卻也綁住了人的心智，像牧羊似地把人趕入一條條既成的小道，圈養在約定俗成的「現實」之中，而更廣大的真相則被排除在外，比如實際的地形走向、日月的自然起落，還有廣闊無垠的「永志一心之境」。

解構巨集指令

練過棒球、網球、高爾夫這類運動的人都知道，壞習慣是極容易養成的。人的體格、筋骨、天分各不相同，揮桿動作便也各有各的毛病。一旦養成習慣，就算明明有瑕疵，你也會愈打愈順手（神經網絡發揮作用的又一例證），在場上風生水起，自我感覺很上道。這相當於開發了一套「巨集指令」，中間略有缺陷，但還堪用。在快球來勢洶洶的當口，你根本沒有工夫琢磨動作要領，而是**需要**神經網絡立刻執行這套指令。

然而，若是動作裡的毛病大到影響發揮和進步的程度，

「徹底改造」便成了當務之急。首先,你得仔細觀察,看看自己究竟錯在哪兒,也就是要拆解舊的巨集指令,然後才能用新的來取而代之。這等於是要重新編寫自己的神經網絡,說起來容易,做起來困難重重,單憑自己幾乎是辦不到的。只因當局者迷,沒法一邊打球一邊注視自己的動作,所以需要教練在旁督導,指出錯誤,提供解法。

我三十多歲的時候曾經師從一位吉他高手。他為了給我演示指法,不得不放慢速度,把熟稔於心的指彈動作細細分解,拆開整套巨集指令。只見他愈彈愈沮喪,怎麼都弄不明白幾十年來無須過腦便能彈出的指法。

設身處地想想:自己當年是花了多長時間才學會走路的?大概不記得了吧!我敢保證,那絕對不是一朝一夕就能學會的。最初只能顫顫巍巍地起身,扶著茶几和沙發邊緣緩緩挪動,接著還得緊抓父母的手,走一步,停一步,踉踉蹌蹌、跌跌撞撞是常有的事。但也唯有如此,才能學會協調腿部肌肉,以正確的姿態保持平衡,穩步前行,直到駕輕就熟,能夠不假思索地奔跑跳躍。現在,請你站起來走兩步,跟我說說你的腿部肌肉是**如何協調配合**的。說不上來吧?完全無從說起,走路的巨集指令已經渾然一體,根本沒得拆解。然而,假如中風術後不得不重新學習走路,你就必須仔細研究每一塊肌肉的運用方式與時機了。

請你再用同樣的方式監測舌頭在說話時的運動。控制舌

頭的顯然是你，但感覺起來卻似乎不是那麼一回事，你好像
只是想好要說的話，舌頭便開始自動重複你兩三歲時學會的
複雜動作組合，完成一套又一套的巨集指令。假如你又得了
中風，大腦控制語言的區域全部失靈，或者你移居到一個說
外語的國家，你便不得不重新學習舌頭的各種動作，緩慢而
辛苦地建立新的巨集指令。

　　無論是學習一門新的語言、彈奏新的樂器，抑或改進網
球的握拍手法，說真的，都不是容易的事。現有的神經網絡
必會抵制變動，畢竟這就是當初構建網絡的初衷。曾經重複
千遍萬遍的動作如今好似形成了自身的引力場，不管你喜不
喜歡，它非把你拉回原先的模式不可，而人也本能地喜歡抓
緊自己覺得熟悉和舒服的東西，因為**過去一直用得那麼得心
應手**。誰也不想冒著三振出局的風險，在第九局下半場換用
新的打擊姿勢。若是因為試驗新的握拍手法，屢次把網球打
出場外，或是一桿接一桿地把高爾夫球擊入深草區，那就糗
大了，我們寧願採取過去慣用的握拍方式，即使打不出什麼
名堂，至少不會令自己出醜。除非是有意提升球技，否則一
般人是不會銳意改變的。

　　運動和音樂領域如此，人際關係也不例外。人會根據早
期的生命經驗（通常是從父母那裡學來的）形成特定的心理
預期和行為模式，然後不知不覺把壞毛病帶入成年，像爸爸
那樣，平時壓抑，偶爾爆發；也像媽媽和姨母，好搬弄是

非。對於伴侶，我們全情投入，希望對方心懷感激，投桃報李；對於情緒，我們也懂得用酒精來麻醉羞怯和焦慮。就這樣，人心中的大峽谷愈刻愈深，人際關係也被「繼承」來的習氣搞得虛情假意，還遮掩事實不願自省。這也難怪，誰樂意承認問題出在自己呢？與其如此，還不如假裝沒事，誰要是敢指手畫腳，可別怪我加倍奉還。

人在運動上倒還願意承認揮桿動作有瑕疵，並且找人指點，但人際關係中可是有現成的代罪羔羊，那就是關係的另一半。把所有責任一股腦釘在伴侶身上，要比痛定思痛反省自己的錯誤信念和行為容易太多了。若是尋求專業協助，難免會被婚姻諮商師搞得無地自容，一點也不像找高爾夫教練上課那麼舒坦。與其認真求變，尋覓幸福，倒不如固守陣地，成為「有理的一方」。難怪人不樂意改變自己，寧願把工夫用在品頭論足、責難他人上，精於轉移焦點，罔顧事實，虛偽做作，用錯誤的揮桿方式反覆糟蹋自己的人際關係，到頭來還驚訝結局怎麼又是如此，懊惱伴侶「沒有改過自新」，然後八成又要另覓新歡，希望對方能全然包容自己的一切，包括一堆壞毛病，接著再把過去的戲碼翻拍一遍。

這股習性正是永劫無心得以壯大的原因。試想，人若是懂得靜下來拆解內心的巨集指令，仔細審視組成自己世界觀的每一個信念，一定不難發現其中的缺陷，往後自然不會再做妄念的俘虜，而會去探索新的方法、更有效的揮桿方式、

更好走的一條路。《奇蹟課程》所要教人的，正是這樣一套
功夫，要求我們如實觀照自己的全部知見，小我當然會拼死
抵抗。

找到當下

　　巨集指令和神經網絡的價值，在於它們能把人生經驗彙
編成集，省了二次思考的工夫，見狗是狗，而生出撫摸之
意，看到髮色黛青的高個子便有所戒備，保持距離。然而，
這也正是巨集指令最要命的地方。不管你看到什麼，它都讓
你不假思索依照過去的思路和解讀方式來對**當下**作出總結，
輕車熟路到不需現實驗證的程度，好似橄欖球運動員抱球便
跑的線外迂迴戰術，直接繞過人的意識，不容你選擇別種回
應方式。

　　本質上講，這等於是用過去來易換當下，拿早先學來的
信念覆蓋當下的體驗，把人扣押在過去的牢籠中。出於恐懼
也好，源於習性也罷，我們甘受永劫無心的擺佈，任它像個
瘋狂獨裁者似地製造恐慌，鞏固自己的權力：「**只有我能保
證你的安全，沒有我，你必會大禍臨頭，忍饑挨餓，灰飛煙
滅，只有我能保護你，聽我的吧！**」我們聽信了，把主權拱
手相讓。也許，不是完全相信，但又覺得，逆著它來，風險

未免太大了。

　　為了反制永劫無心，佛教提倡所謂的「初心修悟法」，教導人主動放下過去學來的一切，以全新的視角感受當下，就好像你是第一次遇到眼前的事件，第一次開車駛入某條車道，全神貫注，留意沿途美景和有趣的店鋪，在心裡記下路口、地標、複雜的彎道，以及服務站的位置。

　　同樣的，在你初見心儀對象時，一定特別關注對方看你的眼神，聽得進去對方所說的話──言談的內容、語調的起伏轉折，全令你念茲在茲，分外入神。可是，隨著認識加深，你會在心裡為對方構築形象，對此人的印象也就逐漸固化，形成有關他的巨集指令，當下便被過去徹底篡位了。

　　懷抱初心的人則能回到當下。只有在當下，萬事萬物才是鮮活的；也只有在當下，永恆之心的大門才是敞開的。要知道，你的神經網絡固然是從前打造出來的，但是**你**並不活在過去，因為真正存在的唯有此時此刻。你若想要幸福，便須來到你真正處身其中的**當下一刻**，而非過去的記憶，或是根據過去幻想出的未來。

轉換知見

現在來回顧一下知見的原理。知見的形成，一定要靠背景烘托才能呼之而出，要用以前的經驗解讀才能賦予意義，全程按照神經網絡編好的巨集指令來運作，結果就是當下完全被過去的經驗頂替了，幾乎沒有脫身的餘地。我們不得不承認，自己的所知所見全是如此得來的，除此之外便一無所知，根本就是它的階下囚。可是，認知世界真的唯有知見一途嗎？

誠然，神經網絡是一個不斷自我鞏固的強大「閉環」，但**並非沒有**破解之道，只要我們願意敞開心扉，容納新資訊，便會生出與過去截然不同的經驗。我的越南患者就是見了我這位美國精神科醫師，方始得知自己不會重演叔叔的命運；我的祖父也是漂洋過海，才識破俄國政府利用運動影片製造的天大謊言。

一旦擴大認知背景，納入更多信息，所知所見的性質便會隨之改變。就像我祖父再也不會把橄欖球當成麵包，那位越南人也不會再因頭痛而膽戰心驚，那名女病患也不再覺得我會欺凌她。他們對於事件的認知受到了新資訊的點化，從此便不可能再把頭痛當作絕症，把髮色黛青的治療師看成虎視眈眈的惡霸。

新資訊改變知見的過程中，還有一個更深刻的作用，就

是它**把感知者本身也一併改變了**。兩位病患浴火重生的療癒
經歷，會創造專屬於「克服恐懼」的神經網絡，往後再被前
塵舊事攪亂心境的狀況便會大幅降低。更重要的是，有了這
次戰勝恐懼的經驗，他們就有理由相信其他事情也一樣不足
為懼，不至於再輕易陷入恐慌，也不會心甘情願受苦受罪
了，因為他們已經體驗過自己是有力量的。由此可見，世界
觀一旦發生變化，自我概念也會相應調整的。

> 世界本身是徹底的虛無。必須靠你的心靈賦予它意
> 義。……沒有一個世界不是出自你的願望，這正
> 是你最後的解脫關鍵。只要你從心裡改變自己想
> 要看的，整個世界必會隨之改觀。（W-132.4:1~2;
> 5:1~2）

　　然而，《奇蹟課程》所要點醒的並不僅止於此，它說：
凡是強化小我認同的經驗，都是換湯不換藥的，再怎麼努力
擴大認知背景，你依舊難逃永劫無心所佈下的知見世界，跳
脫不出它的五指山。而小我設計世界的初衷就是讓世界永無
寧日，你在裡頭再怎麼加固房屋，積存再多錢，也永遠不會
平安幸福的。縱使你聘請最好的私人教練和醫師，吃足營養
搭配最頂級的補品，健康依然不會有所保障。更可怕的是，
無論你做什麼，去哪裡旅行，居於何處，結交何種朋友，身
體都難逃一死，這是註定的結局。小我說：「各類毒藥，任
君挑選。」試問，在毒藥裡東挑西選，能選出什麼花樣來？

人心在知見的薰習下，早已認定自己所見所感無懈可擊，好似這就是生命的現實，根本無心尋找出路。

關押囚犯最毒的辦法，就是讓犯人以為他沒在牢裡，依然是一切隨心的自由人，讓他一點越獄的心思都沒有。1999 年的熱門電影《駭客任務》勾繪了一個近似現實的世界，情節兜轉一番後，觀眾猛然發覺：這世界竟是電腦模擬的一座虛擬監獄，一切顯得真實無比，即便是洞悉真相的那一小撮人，也無法全然看破迷魂陣的虛實，必須依靠方外之人傳授成功脫身的經驗，才能一點一點認清矩陣世界的騙局而金蟬脫殼。

影片裡的方外之人是活在電腦模擬世界外的人類，而《奇蹟課程》所說的方外援手則是聖靈。聖靈活在知見世界之外，從不插手小我永劫無心的遊戲，但祂眼見我們被小我奪權篡位，只好挑明小我的阻撓伎倆，幫助人類自救。

根據《課程》的說法，聖靈架起了一座橋樑，幫人從小我的知見世界進入蕩除了一切小我染著的「真實世界」，從而恢復上主之子的真我身分。真我從未落入時間的桎梏，始終存於上主永恆不易的一體之境。有關真實世界的課題，我們下一章再來詳談。

聖靈是永恆之心的一個面向，肩負著助人覺醒的使命，但祂只在當事人主動求助時才會出手。人都有自由意志，然

而，《課程》的「導言」說：

> 隨自己的意願並不表示你可以自訂課程。它只表
> 示在某段時間內你可以選擇自己所要學習的。（T-
> in.1:4~5）

我們大可把心思放在莫須有的事物上，冒著遍體鱗傷的
風險，在小我的賽道上不斷奔波勞碌，追逐著不停後撤的終
點線。聖靈則老神在在，深知我們早晚會黔驢技窮，叫苦不
迭，到時自會乖乖求援。但想一想，我們又何苦拖到那麼悽
慘的地步呢？

判斷的陷阱

人類心甘情願做永劫無心的階下囚，究竟是中了什麼
邪？我們得看清受困的原因，才能提高脫逃的成功率。

在小我的知見世界中，各式各樣的認知背景和反差對比
可謂俯拾皆是，想要不下判斷都難。無論是比對尺寸這種小
事，或是選擇新居這類大事，判斷都必不可少。很多時候，
我們的判斷是針對身邊熟人以及聽聞或閱讀而來的公眾人
物，此外便是有關國際局勢或生活中種種的煩心事。

這些判斷全都為內心獨白提供了素材，而這些獨白會偽

裝成「你」的口吻，源源不斷地輸出各類判斷，在你腦中念叨你對生活的感受：你的感受為何是這樣是那樣，別人對你的看法，你想從他們那裡得到什麼，他們想從你這裡得到什麼，你要怎樣迎合才能得償所願，還有最少不了的，要如何自保、如何遠離風險。

> 知見本身其實就是一連串接受和拒絕、建構和重組、轉化和改變的過程。評估則是構成知見的根本要素，因為你在取捨之前必然作了評估與判斷。

> 如果萬物全然平等，無需評判高下，知見會有何下場？它會徹底失去立足之地！真理是靠真知而非比較的能力。它內的一切都是同等的真實，「知道」任何一部分的真相就等於「知道」全部的真相。（T-3.VII.7:7~8; 8:1~4）

　　確切而言，想要活得平安自在，掙脫小我的束縛，止息永劫無心的念叨，唯有擺脫判斷的習性一途。少了判斷，無論自己的事還是別人的事，你都無法再像以前那樣一口斷定好壞對錯，暴露出自己所謂的判斷能力其實是相當薄弱的。有了這一層覺悟，縱然尚不能徹底止念，但至少已經開始質疑判斷的合理性，不再像以前那樣理直氣壯，也不再把判斷當作自身人格的某種展現，或是藉由心中評判反推自己是怎樣的人。如此一來，小我的箝制力道便會鬆動下來，讓聖靈得以順勢而為，替你重新詮釋萬事萬物的意義，彷彿充滿智

慧的父母為子女開解校園糾紛的心結。

　　再換個角度想想，光憑人類的心智，根本無力顧及事件的全部背景訊息，況且眼中所見或自以為見到的，又往往受到過去經驗的污染，這種認知勢必有所偏差，而且往往偏差得令人咋舌。這就是本章所要闡釋的觀點所在。

　　有關判斷的無謂與偏頗，《奇蹟課程》提出了非常有力的論證：

　　本課程的目標與世俗的訓練大異其趣，它要我們認清自己是作不出世人所謂的判斷的。這不是一種說法而已，而是事實。若要正確地判斷一事一物，他必須對它的過去、現在及未來述之不盡的相關背景一清二楚才行。他還需要事先認清自己的判斷對所涉及的人或物可能產生的任何影響。他必須確定自己的觀點沒有任何偏曲，對每一個人所下的判斷，不論目前看來或未來回顧時，必然全然徹底的公正。有誰敢作此保證？除了有自大妄想症的人以外，有誰敢出此狂言？

　　只要記得，有多少次你認為自己知道所有的「事實」，胸有成竹地作了判斷，結果卻錯得離譜！有誰沒有這種經驗？又有多少次你自以為是對的，其實是錯的，卻毫不自覺？你為何選擇這種武斷作

為你決定的憑據？智慧不是判斷，而是放下判斷。
（M-10.3,4:1~5）

簡而言之：

評判別人就等於不誠實，因為評判時，你把自己放
到一個本不屬於你的位置。沒有一個評判不含有自
欺的成分。（M-4.III: 2~3）

* * * * * * * * *

說得更直白一點，任何自主判斷都是在自欺，表示你妄
想自己手頭那點資訊足以賦予你論斷是非的資格，無異於妄
自尊大，自封為神明。

有位德高望重的教授曾在某《奇蹟課程》讀書會講過這
樣一個故事。教授一直在某所知名大學任教，他常年開設一
門課程，廣受歡迎，每學期都有上百名本科生前來聽講。課
堂的常規是：授課時學生務必保持靜默，有問題留待最後再
提問。某天，一位年輕女子走進教室，逕自坐在大講堂的前
排，舉止異常，引人側目。果不其然，在上課過程中，她猛
然把手舉到空中，揮舞個不停，表示她要提問。教授視而不
見，女子卻不肯罷休，教授只好中止授課，聽她發問，答覆
過後再繼續上課。沒過一會兒，女子再度舉手提問，教授請
她把問題留到課後。孰料，課一上完，女子一溜煙離開了教

室。到了下一週上課，她再來坐前排，然後照舊打斷授課，頻頻提問。教授感覺難以置信，居然有人這麼沒禮貌，卻也只得按捺肝火，和氣迎人。這種模式持續了好幾堂課，把教授磨得沒了脾氣——橫豎這學生每次都要鬧這麼一齣，自己反正已經適應了。再後來，這學生忽然沒了蹤影，過了一週、兩週，依舊未曾出現。經過一番詢問，教授得知，這名年輕女子其實極渴望旁聽這門課的。為什麼？只因她即將不久於人世，深知此生再無第二次機會，最近突然缺席則是由於她已敗給疾病，離開了人世。就教授先前所掌握的資訊而言，他認為女子言行唐突失禮，確也不算過分。問題是，他並不了解事件全貌，對女子的病況渾然不知，等於缺乏最核心的判斷依據。若有所知，他的觀感必會大有不同。

　　教授最初的判斷豈止有理有據，簡直是明擺的事實，最後卻來了這麼個大轉折，足見人的判斷確實不足為憑。你或許沒有教授這樣的經歷，但我敢肯定，你一定也作過令自己後悔的誤判。也許，你有在餐廳久候上菜的體驗，心裡嘀咕服務員不知是唱哪齣，上個菜也要這麼長時間。等菜終於上來了，卻是涼的，把你氣得故意只留極少的小費來給服務員難看。然而，你從未想到的是，也許對方是第一天到職，或者他當班之前剛聽說母親出了意外，或者他是手頭太緊，不得不帶病上班。在高速公路上，也許你曾咒罵從你身邊呼嘯而過、接連橫穿三條車道的女士——她這是車技太爛？抑或是一百個司機裡面才出一個的飆車族？還是說，她正趕往孩

子的學校，或是去醫院處理緊急事件？假如有位醫生老是非遲到一小時不可，每次都把你在候診室熬得煩悶不已，你說他是缺乏專業素質的慢性子，抑或只是不善時間管理？有無可能是太在乎病患的安康，凡事盡善盡美，總是給患者提供超時服務？

我在心理治療的職業生涯中，見過一些來訪者，三句話裡頭有兩句是對伴侶的控訴，聽多了，我也形成了印象，覺得他們的伴侶控制慾旺盛、喜歡欺負人、愛指手畫腳、沉迷工作到無可救藥的地步、既疏離又不懂親密關係最基本的相處之道。當治療進行到一定階段，我會在病患同意下，請他們的伴侶一道前來參與治療，結果往往讓我又驚又喜：他們的另一半完全不是我想像那副樣子，足見我判斷的依據有多麼局限、主觀，怎麼可能不充滿偏見？

判斷的褊狹不僅表示當事人漏看了事件的全景，更反映出此人存心甚至享受充當有理的一方，認為自己看透了別人的本性和世間的規律，固執得九頭牛都拉不動。正因如此，才要特別強調，如果真想超越既有的評判，首先務必認清，你所謂的事實依據並不完整，除非你敢說自己無所不知，否則你的判斷**必然**有誤，於人於事**皆無裨益**。想一想，這理由還不夠使你放下判斷嗎？（此處所說，無關何時過馬路、是否該穿雨衣這類日常決定，而是針對別人的各類假設，這才是引發禍端的根源）凡不是來自聖靈而來自小我的判斷都有

瑕疵，根據《奇蹟課程》的說法，若是依舊堅持己見，就是
自絕於恆久的平安。

終極背景

　　我們再來深入一下捨棄判斷的步驟。首先，你必須承認
自己沒有能力作出準確的判斷，**因為你完全認同了小我**，腦
筋已經錯亂，有嚴重自欺的毛病。這話一點也不誇張。所
幸，永恆之心和聖靈都是你生命的一部分，從未棄你而去，
祂們所端詳的，雖與你是同一個世界，境界卻高你一等。祂
們的目的只有一個，就是還你自由，給你平安。

　　聖靈並不是稍稍擴大認知背景，然後重新詮釋一小塊知
見而已，而是把永恆之心作為衡量整個知見世界的終極背
景；在這千古真理的映襯之下，重新詮釋其中的**萬事萬物**，
顛覆你的整個知見世界。這就是《課程》所謂的救贖計畫，
旨在逆轉人心與上主一體生命的分裂，實現救恩。

　　　上主創造得有如祂自身一般完美的心靈，突然闖進
　　　了一個判斷之夢。在那個夢裡，天堂變成了地獄，
　　　上主變成了聖子的仇敵。

　　　上主之子如何才能由夢中甦醒？那既然是一個

判斷之夢，他必須不再判斷才可能甦醒。（T-29.
IX.2:1~5）

這要如何辦到？人豈能全然不作判斷？簡直是癡心妄想！《課程》卻宣稱，我們指指點點的那個世界才真真是癡心妄想出來的，不僅可以掙脫，也必須掙脫。

請隨意挑選一個你對世界的觀點、有關某人的判斷，或是你倆之間的衝突，然後擴大背景，透過聖靈的眼睛來「觀看」你的處境。聖靈唯真理是瞻，所見盡是平安、真愛、一體等等屬於真理的特質。在這個終極帷幕的襯托下，知見世界的萬事萬物以及小我的種種恐懼與渴望，全都顯得無比虛幻、空無實質，絲毫不能染指你的本來面目。可還記得，上主是照著自己的肖像創造了祂的愛子，而《奇蹟課程》說，你（加上其他所有人）就是那個聖子。「上主是愛，因此，我也是愛。」（W-複習五.in.4:3）你之所見若不可愛，便配不上你，乃徹徹底底的虛幻之物，這話絕無半點虛假。進一步來說，如果凡事皆作如是觀，便能從小我及它的世界和造作中解脫出來了。

這個終極視角的加持，聖靈能為你作出完全正確的決定；而你個人的判斷只會害你在小我的夢魘中擱淺。此時，唯有聖靈的判斷能幫助你覺醒，還你自由，從此便無須靠自己那些經不起驗證的想法來詮釋你根本無法真正理解的事物。如此為你保駕護航，乃是聖靈的唯一使命，《奇蹟課

程》這樣描述：

> 聖靈就住在你心內屬於基督之心（或說永恆之心）
> 的那一部分。祂同時代表著你的自性與你的造物
> 主，兩者其實是同一生命。……祂好似一種「聲
> 音」，透過那一形式為你說出上主的聖言。祂又如
> 一位領你穿越蠻荒漠土的「嚮導」，因為你確實需
> 要那種形式的指引。為了答覆你心目中的種種需
> 求，祂不惜化身為任何形式。祂不會被那些困擾你
> 的子虛烏有的需求所蒙蔽。祂就是要幫你由這些需
> 求中解放出來的。祂就是要保護你免受這類需求之
> 苦的。（C-VI.4:1~2;5~10）

凡是有助於覺醒的願望，聖靈有求必應；但若是小我灌
輸給你的欲望，即使你自認為真切需要，聖靈也不會應允
的，因為這兩種需要具有本質上的區別。小我的需求意在
耽擱你的前程，甚至是存心害你，聖靈豈能允准？這是為了
你好，哪怕你當下並不如此認為。假如有個十歲孩子想要香
煙或是突擊步槍，他父母但凡對他有一丁點愛心都斷然不會
同意這種事。我自己也曾渴望各種人生局面和關係，最後全
被否決了；時隔多年，如今回想起來不僅了無遺憾，反而感
激不已。

如果聖靈一詞令你感到彆扭，不妨使用你喜歡的詞彙來
稱呼永恆之心的這一面向，譬如高我、守護天使、內在智

慧、女神、宇宙，全都無妨，只要它能提醒你放手和**求助**就好。有關放下判斷的步驟，我們等到第六章談它與奇蹟的關係時再來深入。

世間萬物的存在目的其實就是幫助你覺醒。但你已深深認同小我，哪還看得清真相？幸好，更高層次的你依然清明，因此「你在世只有一個任務，就是承認自己一無所知，並下定決心不再自作聰明。」（T-14.IV.5:2）根據《課程》所說，只有這類決心才具有實質意義和作用，其餘選擇都只是在暗度陳倉，導向小我以及它花樣百出的幻相，令人不能自拔。看起來選項頗多，但如先前所說，選來選去都是幻相，選了也等於白選。

一心想要獨立判斷的人，就好像在鬧市橫衝直撞的孩童，一開始或許尚能安然無恙地穿過幾條馬路，但最後遲早還是會出事的。你必須認清自己根本不懂如何穿越忙碌的街道，然後退一步向天求助，擁有無限愛心的全知聖靈便會溫柔地牽起你的手，引領你安然過街。

> 只有與你同在的「那一位」的判斷才是完美無缺的。祂知道現在、過去及未來的一切事實真相。祂也知道祂的判斷對每一人或每一物可能產生的影響。而且祂對每一個人都是徹底公正的，因為祂的觀點沒有任何偏曲。

因此，放下判斷吧，你會了無遺憾的，只是充滿感
激的一聲輕嘆。（M-10.4:7~10;5:1）

你交託給聖靈的問題，沒有一件祂不曾替你解決，
將來亦然。你自己從未徹底解決過任何問題。此刻
不正是你作一總回顧而汲取教訓的最佳時刻？（T-
16.II.9:1~3）

你只需對聖靈說：「為我作決定吧！」萬事便如此
成就了。因祂的決定只可能反映出祂所知道的你，
在這光明下，是不可能產生任何差錯的。（T-14.
III.16:1~2）

但凡知見所構成的背景，再怎麼擴大都不足以清楚映襯
出當下的本質，難免令人罔顧真相，走入歧途，無法真正帶
來平安。縱使瞎貓碰上死耗子，所得的幸福也必轉瞬即逝，
令人終究無法得償所願。反之，若是肯轉向聖靈，把祂的判
斷作為自己憑依的認知背景和行住坐臥的羅盤，那麼，平
安、真理、自由以及發自內心的恆久幸福非你莫屬。

魔鏡之旅

莎士比亞的劇作《皆大歡喜》裡，有個叫雅克的角色作

了這樣一段宣言：「世界是個大舞臺，紅男綠女無非戲子，各有各的亮相與退場方式，一生之中要扮演許多角色。」我們在第一章談過，永劫無心的確給我們安排了許多角色，目的是要轉移焦點，讓人無暇探索真如自性。我們在這個知見世界中，既是編劇和導演，又是演員和舞台監督，同時編排一系列的空幻劇目。若說人確實只是在演出一堆角色，那麼我們就又回到了第一章的核心課題：**你到底是誰？**或者追問一句：扮演這些角色的那個「我」，本質上究竟是什麼？這個「我」若是放下一切角色會怎樣？如果乾脆走下舞臺呢？在知見的簾幕之外到底有何景象？

> 知見只是一面鏡子，而非一個事實。我所看到的景象，只是自己心境對外的投射。（W-304.1:3~4）

許多年前，我與犬子有幸觀賞了一場精彩的戲劇表演，劇情開場於一個維多利亞風格的房間中，背景有一座巨大的壁爐，上方掛著一大面鏡子，反映著頂層座位觀眾的面孔。看起來是這樣沒錯，只不過角度略顯古怪，後來戲劇開場，我也就忘了鏡子的事。不久，出人意料的事情發生了，有個角色一躍而起，把座椅朝鏡子丟了過去，隨著一道閃光和一聲巨響，鏡子被打得粉碎！嗆人的濃煙籠罩了整個舞臺，待到煙霧粉塵散去時，台上的佈景統統不見了，客廳、壁爐、鏡子，全都無影無蹤，露出了後台的一行聯排座位，上面坐著三四十位觀眾——他們就是我在鏡中看到的「倒影」。原

來，台上從始至終都未擺過鏡子，那只是壁爐上方牆面挖空的一個大洞，裝裱得像是一面鏡子罷了。因此，我所看到的觀眾並非映像，而是在後方觀看演出的真人，只不過如今顯露在門戶大開的舞臺上了。這番巧妙的視覺戲法與劇目搭配得貼切至極，因為這部戲就叫《魔鏡之旅》。由此宣告愛麗絲及全場觀眾正式進入仙境。

「鏡非鏡」這一幕可謂隱喻了永恆之心與感官世界的關係。當你打破知見之鏡，戳穿幻景的偽裝，你會看到什麼？另一頭有什麼在等著你？答案就是圓滿無缺的實相。

> 在我所營造的一切形象之下，真相始終不變。在
> 我覆蓋於愛的面紗之後，它的光明依然不減。……
> 上主永遠無所不在地臨於萬物之內。身為上主一部
> 分的我們，遲早會越過虛幻的表相，而認出那超越
> 一切表相的真相。（W-56.4:2~3;5~6）

操　練

但凡是人，認知世界全靠眼耳鼻舌身，叫他們超越自己的感知，簡直比登天還難。然而，這卻是認清真相的必要步驟，否則你的雙眼永遠都會被知見世界蒙蔽，讓永劫無心耍得團團轉。

十九世紀的法國詩人亞瑟・韓波（Arthur Rimbaud）將「擾亂知覺」奉為畢生使命，意圖從中炸開一條通路，企望得以直抵真理與天堂。可惜，他彈藥庫的主要武器唯有苦艾酒而已（一種由酒精、茴香以及有毒草本植物苦艾釀成的烈酒），手段實在不夠高明。作家奧爾德思・赫胥黎（Aldous Huxley）則是服用仙人球毒鹼這種迷幻藥來穿越「感知之門」，藉以體驗更高的存在境界。另如印第安人有靈視探索的儀式，蘇菲派托鉢僧狂跳旋轉舞，僧侶靠著冥想和吟唱聖歌，薩滿則是在鼓點的律動中飄然高飛到其他意識境界。簡而言之，擾亂感官世界的途徑實在數不勝數，可見感官比我們想像的還要不堪一擊。

《奇蹟課程》〈練習手冊〉第一個月的每日一課就是要明白點出，你眼中的世界純粹是你根據過往經驗而虛構編織的故事，並非實存，你對世界以及自身角色的各種想法也同樣虛幻。我們來舉幾個課文的例子：

第一課：我在這房間所看到的一切，不具任何意義
第三課：我並不了解我在這房間所看到的一切
第四課：這些念頭不具任何意義
第七課：我所看到的只是過去的經驗
第九課：我看不出任何事物的當下真相
第十一課：我那無意義的念頭，顯示給我一個無意義的
　　　　　世界

第二十五課：我不知道萬物的目的何在

　　每一課都要你把當天的核心觀念不加揀擇地套用於視野內或佔據你頭腦的事物上，即便你心中不認可或覺得徒勞也無妨，只要加以運用，然後評估效用即可。仔細想來，這套教法實在用心良苦。人類自認為凡事看得清楚明白，固執己見，事實上，已然失去了明辨是非的能力，哪裡知道何事真正對自己有益？好似久置於強大磁場的指南針，所指的南方豈能準確無偏？

　　下文的兩個練習，就是要幫助你超越知見世界，看穿知見的纖薄外壁，將之一舉剗除，進而窺探知見世界之外的洞天福地，品味真如自性的意趣，好歹把半隻腳伸進永恆之心的領域。

　　人在詮釋事件時，往往會套用自己熟悉的信念框架。因此，我們第一步就要撤換評估事件的認知背景，像韓波與赫胥黎那樣釜底抽薪，設法在最基本的層次拆除知見的箝制（但不用毒品）。說起來，迷惑感官、轉移焦點、令感官應接不暇的方法有很多，目的都是要悄悄繞過永劫無心派駐的守衛，我在此僅提供一個具有代表性的小方法。

　　不過，容我先提醒一句：人的世界觀早已「習慣成自然」，就算再可怕、再痛苦，至少也成了實實在在的老朋友，而小我總是喜歡熟悉的東西，害怕陌生的，所以在世界

觀分崩離析之際，有人心情振奮，也有人焦慮難安。有鑒於此，在接下來的練習中，一旦你焦慮壓過好奇，心情感到沉重時，便請停下，哪怕只是覺得眼睛疲勞，也要停下來，沒必要勉強自己持續下去，只有小我才會逼你，在你難受時還拼命鼓譟。

　　請記住，以下的練習意在拉開知見的帷幕，揭穿永劫無心的把戲，然後邀請永恆之心的平安進入你的內心；那份平安才是你真正想要的，世俗玩物對你的吸引力根本無法與之比肩，只是你不見得意識得到而已。我鼓勵你懷著這樣的心情進行下面的練習。

練習一：轉換認知背景

　　請準備紙筆，隨時記錄下來。

　　此刻，想想最近哪件事令你抑鬱不樂。請不要選擇有關個人榮辱的事情，例如朋友的侮辱或愛人間的爭吵，而要挑選一件牽連廣泛並且嚴重損害你心情的事，比如電視上看到的天災、大規模槍擊、恐怖攻擊、你支持的球隊在超級盃或世界盃飲恨而歸，或是你偏愛的候選人在大型選舉中落敗。選擇第一個出現在你腦中的事件即可。

　　現在，從事件中抽離出來，盡量客觀地問自己：這件事在你心中何以會激起如此強烈的情緒？

- 這件事可曾對你造成任何傷害？如何具體傷到你了？

- 如果你確實有損失，損失了什麼？

- 這件事哪裡令你不好受？

- 你預期後續還會對你造成進一步的傷害嗎？

- 日後會造成財物損失嗎？

- 這件事是否代表了或者重新點燃了你過去的某段痛苦記憶？

- 它有沒有可能最終傷及你或你所愛之人的性命？

- 它是否冒犯了你所珍視的角色或價值，進而損害了你的身分？

以上任何一條都有可能是你煩惱的原因。

接下來，請選擇一個你很了解也很喜歡的人，這個人的性格必須與你相左。如果你很悲觀，這人就該樂觀；你心思細膩，這人就該衝動直率；以此類推。

這個人會如何看待此事？請站在他的角度來看問題：他會像你一樣煩惱嗎？

- 如果會，原因何在？如果不會，他會在哪些方面作出不同詮釋？

- 外國人會如何看待此事？他們的反應會與你一樣還是有所不同？為什麼？

- 假若此人來自一個遙遠的國度，那裡沒有網路，電視節目也十分有限，他的觀點會有所不同嗎？不妨試著戴上他的觀察視角。

- 如果此人來自一個飽受戰爭蹂躪的國家，例如剛果、敘利亞、南蘇丹，曾經深刻體驗過戰爭的恐怖，請問他看待此事的角度會與你不同嗎？不妨代入此人的親身經歷，透過他的眼睛來看待此事。

- 假如此人信仰不同的宗教，他的看法會有所不同嗎？佛教徒會如何反應？穆斯林呢？無神論人士呢？

- 不同種族的人呢？詮釋會因此相異嗎？

　　現在，你已經試戴了許多不同視角，觀察一下，自己對此事件的感受可有變化？剛才的練習是否減輕或加劇了你的悲傷和憤怒？結果如何都無關對錯，我們只是要觀測切換認知背景能夠產生何種效果。

　　再接著：

- 十年前的你對此事的看法可有不同？二十年前的你呢？更早的你呢？

- 倘若你的孩子碰巧在事件當天出生，你的感受是否會和緩一些？還是更糟？抑或沒分別？

- 在你小時候，你母親對此會有何感受？父親呢？如果事件發生在當年，你可能會看到他們作何反應？你的反應與他們可有相似之處？還是截然不同？為什麼？

- 現在時間往後快進：十年後的你對此會有何觀感？二十年後呢？若有變化，變在何處？原因何在？

- 最後，想像此事發生在你人生的最後一天，你即將不久於人世——臨終躺在醫院或自家床上奄奄一息，身邊圍繞著愛你的人。那時的你會對此事作何反應？態度上有何差別？為什麼？

現在，重新審視一下你對此事的感受：可曾發生重大變化？若有變化，變化何在？

練習二：放鬆知見的捆綁

這項練習有好幾個環節，一次是做不完的，最好每次只做一部分。全部做完以後，若是某項練習特別吸引你或令你放鬆，不妨勤加練習。

前文說過，一旦感到煩躁，就停下來休息片刻，到戶外呼吸一下新鮮空氣，伸展四肢，喝點水，等過些時候再試一

次；或者索性跳到下一個練習，看看感受如何。如果難受的感覺持續不退，乾脆略過這一節，直接開始下一章。

話雖如此，其實這些練習應該會讓你內心更為舒坦，因為它為你的自我意識開鑿出一個擴展的空間，感覺就像原先一直窩在逼仄的盒子裡，如今能挺直軀幹，站起來自由活動了。在這過程中，務必請你的高我，也就是永恆之心或聖靈來為你掌舵，引導你完成練習，祂會告訴你應當繼續或休息，還是打住跳到下一章。容我再說一次，請務必記得：練習的結果沒有對錯，一切都是學習、探索、發現的過程。

★ 第一部分：認出知見中有關過去與未來的成分

首先，讓自己舒舒服服坐著，最好在家裡完成第一部分練習，以坐姿為上，盡量不要站著或躺下來。

請事先閱讀整節內容，等到確信自己已經掌握全部流程了，便可把書擱置一旁，心無旁騖地練習。

以輕鬆隨意的方式環顧四周，掃視屋內事物，目光不要在任何東西上停留太久，把整個房屋以及其中的物件通通納入眼簾。

接著，把目光隨意停在屋裡的某個物品上，一邊看，一邊問自己：它對你有何意義。

- 此物有何功能？你是怎麼知道的？

- 你是何時得到此物的？當時是什麼情況？

- 是他人贈予還是自行買來的？

- 如果是禮物，送禮的人是誰？什麼場合送的？

- 如果是買的，買它的動機是什麼？當時有誰和你在一起？價格划算嗎？

- 用得可還滿意？想到這樣東西，你是覺得歡喜，還是內心冒出許多批評？（比方說，「這盞燈、這幅畫、這件家具簡直讓我愛死了！」或者，「那把椅子爛透了，已經磨得不像樣子，該換一把新的了，問題是我換得起嗎？我有空去尋購一把好椅子嗎？」）

在練習中不妨留心觀察一下：無論著眼於何物，你所看到的都不只那個物品本身，還附帶一連串來自過去並且延續至未來的聯想。這情形宛若置身於虛擬實境，視覺焦點落於何處，何處便會彈出有關這樣東西的記憶和聯想。這表示，你從來沒有真正看到任何事物的本來面貌，正應了《奇蹟課程》所言：「我所看到的只是過去的經驗」（W-7），「我看不出任何事物的當下真相」（W-9）。

接下來，把目光移到下一個物件。同樣，最好不要特意挑揀，目光落於何處便是何處。

重複上面的問話，解開那樣東西的過去與未來。

然後，再選一樣東西練習，至少重複三次，但是不要超過五次。然後停下來，閉上眼睛，丟開剛才釋出的記憶聯想，把往昔記憶的視窗通通關閉，讓自己靜下來，進入平安的心境，只要你覺得舒服，想這樣多久就多久。

★ 第二部分：不賦予名相地觀看

我們在第一章說過，你內心有個獨白不停以「你」的身分對日常諸事大發高論，對人對己都要辯出個是非對錯，凡事都有觀點，而且對你毫不避諱。然而，一旦它無法為你生活中的事物賦予名相，這場審判遊戲便玩不下去了。

名相有利於指稱事物，卻也助長了分裂。我們每次看東西，都會把命名過的景象或物品從背景中抽離出來，把它跟擁有不同名稱的事物隔絕開來。

你每見到一樣東西，就給它一個名字。它便成了一個獨立的個體，靠這個名字辨認身分。就這樣，你把它由整體中切割出去了。就這樣，你賦予了它特殊的屬性，凸顯它特有的存在空間，藉此與其他東西劃分開來。你把這空間置於被你賦予不同名字的萬物之間，置於一切發生於時空的事件之間，置於你認識的每一個形體之間。

就是這個使你眼前萬物顯得壁壘分明的空間，架構
起了世間所有的知見。你在虛無之地看到了某物，
卻在一體之境看到了虛無；……（W-184.1:2~6;
2:1~2）

在這項練習中，我們要試著不加名相地觀照知見世界。
一旦撤下事物的名稱，它的過去便也隨之脫落。沒了名字，
便沒有身分；沒有身分，便沒有歷史或過去。那麼，這無名
之物究竟為何物？這個練習的用意，便是要推倒小我知見世
界的一大支柱。

與上個練習一樣，你要先掃視整個環境，然後隨機選取
某樣事物，室內戶外皆可。讓目光停留在你選定的東西上，
唸出它的名字；可以在心裡默念，也可以實際出聲，講清楚
名稱就好，比如門、腳、椅子、樹木、雲朵、窗戶、照片。

指出名稱以後，繼續盯著，盡量不賦予任何名相，**看到**
它本來的樣子。在你放下名相之際，也要放下你自認為業已
成立的認知：它有什麼用，怎麼來的，你喜不喜歡，所有來
自過去的聯想或評判都要放下，懷著一顆「初心」，以新鮮
的眼光注視它不受意義染著的樣子。

想像自己是剛從其他星系乘坐宇宙飛船降落此地的外星
人，眼前這個物品是你來到地球目睹的第一樣東西，你根本
不知道那是什麼玩意兒，感覺十分新奇，只能大約分辨它的

輪廓、顏色、基本形狀──即便是這些特徵，也都十分模糊，因為你並無方圓寬窄和紅黃藍綠的標籤。就這樣觀照，卸下有關它的特質、印象、描述，讓它只剩最核心的「物性」或「客觀存在性」，撤掉所有的背景。

先給你打個預防針：這項練習可不容易，只因我們對事物賦予了太多名相和功能，剪不斷理還亂。每一個名稱都把人和某種共識綁在一起，並在不知不覺中融入人的自我概念，使之立於不受質疑的高地。前文提過，名相的累積也會加強內心獨白的「真實性」，讓它更能偽裝成「我」。

在練習初期，選擇的對象不要超過兩個，練不下去就停。要知道，但凡你能從名相和功能中稍稍解脫，哪怕只有片刻工夫，都是了不起的成就。無論練習是否成功，回到日常生活之前，都請閉上眼睛，稍事休息。

這個練習能幫助你掙脫永劫無心的束縛，隨時隨地都可以進行，愈練愈清安。上手之後，隨便套用在什麼上都行。

★ 第三部分：視若無物

這項練習的目的，在於培養「初心」，放下你自認為知道的一切，體驗鮮活、純粹、不受過往聯想染著的清淨當下，甚至往更深處探索。

本章前半部分提過先天性白內障患者的困境：他們在接

受白內障摘除手術的初始，仍舊無法正常視物，只因他們從來不曾學習分辨物體，更別說——賦予名相了。下面這項激進的練習就是要讓你嘗嘗「初心」的滋味。

　　還是老樣子，先坐好，眼睛環顧房間四周，若在戶外，便請掃視周遭景致。想像自己是個白內障患者，此時此刻是你生平第一次看到明暗與色彩，尚且分辨不出物體。在你四下打量之際，試著著眼於視線中的光影、輪廓、色調、紋理，不去區隔物品的起點和終點，抹去所有的界線，讓你的視野變成光影和色彩的流體，裡面沒有物體、輪廓或是稜角分明的邊緣。接著，閉上眼睛，休息一下，然後再練一回。

（完成本練習前，請勿閱讀後文）

　　好了，練得怎麼樣啊？實不相瞞，這個練習我**一次都沒**練成，我猜你八成也做不下去，因為那幾乎是不可能辦到的。之所以把它放在這裡，無非是讓你感受一下，知見世界何其頑固，庶幾牢不可破！一旦學會**看見**一個萬物涇渭分明的世界，以後想**看不見**都不可能了。好比你想把自己的母語當成嘰裡呱啦的外國話來聽，由於你已經能夠辨別詞語，讓你退回到只聽其音、不解其意的原始狀態，真是比登天還難。雖然如此，若想繞過這層限制，還是有其他辦法的，而且聖靈的救恩計畫也無須你去培養如此激進的初心。

★ 第四部分：匯聚知覺

這個練習可坐可躺。如果躺著做，建議你**不要**在睡前進行，以免滑入夢鄉。還是那句老話，只要你感受到任何不適或焦慮，停下便是。話雖這樣講，其實你更可能產生相反的感受，體驗到前所未有的寧謐與平安。

你要做的就是挑選一樣東西，把注意力全部匯聚其上，讓認知範圍縮小到那一點，盡量屏蔽周遭事物，讓你選中的那個東西成為你觀照的唯一事物。

傳統的靜坐訓練一般都是觀呼吸，我們一開始也比照這個方式，隨著空氣在鼻孔進出，觀照自己的一呼一吸，氣息與鼻孔的接觸範圍便是你的整個宇宙——除此之外，你一無所知。如果念頭入侵，思緒開始飄忽，請把焦點輕輕帶回呼吸，彷彿引導一個幼童完成他所抗拒的任務，無須評判或強迫，只是溫柔地提醒，而你正是要如此對待自己。不過，永劫無心必會抗爭到底，還請保持耐心和恆心。

觀呼吸並非唯一的選項，你還可以把知見放在其他事物，比如盯著壁爐裡劈啪作響的火焰，或者凝視蠟燭的火苗，效果都是一樣的。當你緊盯火光時，把你對於火的認知通通拋到九霄雲外，就好像你從未見過眼前這些色彩、光影、熱量的動態組合。你聚精會神地看著，讓火焰的「物性」消融為單純的「存在性」，其餘種種開始一一褪去，先

是變得無關緊要，隨後遁入虛無。你所觀照之物就是唯一的存在，你與它成了一體。

你也可以把觀照的焦點放在詞語上頭，選一個兩三字組成的詞，反覆唸誦或是默念，中間不要停頓，如此循環往復，盡量不要改變聲調、節奏、發音。如果開始走神，冒出某些想法，或是在某個音上卡住了也無妨，接著唸誦就好。

如果你找不到合適的字，不妨採用心理學家查爾斯・塔特（Charles Tart）所特意挑選的詞語「挖空心思」（cogitate）。（他顯然有意調侃讀者）他甚至還把自己無限循環的發音錄了下來：**挖空心思、挖空心思、挖空心思、挖空心思、挖空心思挖空心思挖空心思挖空心思挖空心思……**

注意到了嗎？這個詞在快速念誦的過程中漸漸失去了實質的意義，不再代表它原先所指涉的意涵，後來甚至不再成其為詞語，溶解為一堆無意義的聲音，字與字之間的界線愈來愈模糊，到了無法辨認的程度，變成純粹的胡言亂語。

現在，請把書本放下，隨便選擇一種方法練習，然後回來一起探討修習成果。

＊　＊　＊　＊　＊　＊　＊　＊　＊

專注呼吸、火焰以及字詞重複，意在迷惑永劫無心，解

除它所憑依的認知背景和反差對比，讓它巧婦難為無米之
炊，無法藉著任何端倪來搬弄是非，使知見的運作機制陷
入短路。在全神貫注於一點的過程中，你所開闢的內在空間
足以涵攝整個心靈，滌蕩你認定的一切道理、意義與人生
故事。這一招無異於對永劫無心放話：「既然無心，何必費
心！」讓它從此不再礙事，拆解知見的門戶，迎來永恆之心
的無盡寧靜。

第 *3* 章

圓滿一刻：一探永恆之心

　　一開始，我們先來稍稍回顧一下：第一章剖析了世人（確切來說是小我）定義「自我」的方式，論及由此衍生的假我概念如何阻礙了真實自性的流露。第二章則解構了知見的運作機制，點出你**認為**置身其中的身外世界只不過是永劫無心的造作，並非現實，它所提供的種種滿足也全都虛妄無比，轉瞬即逝。

　　讀到這裡，你大概已經有點糊塗，搞不清自己究竟是「什麼」，連人在哪裡都恍惚起來了。然則，倘若一切真的只是虛妄，活著還有什麼意義呢？

　　看來，問題暫時無解，此刻不妨先換個口味，品嘗一下無可動搖之境的滋味吧！我們先前拆掉自我和世界的臺，並

非為了尋開心，而是有其目的的。如今時機大致成熟，可以
提前感受一下取代現狀的境界，淺嘗一點抵達終點的心情，
一定對你很有好處。

敬請品味圓滿一刻！

圓滿一刻

你生命中可曾有過圓滿的時分？在那須臾之間，洋溢著
無與倫比的平安、讚歎、美感，再也沒有什麼足以打擾你的
心境。那一刻，時間彷彿暫時停頓，鬆開了種種禁錮，過去
和未來消失不見，也一併帶走了全部的焦慮、傷痛、煩惱，
連念及這些過眼雲煙都顯得十分可笑。沒有任何東西能夠攪
亂生命的平安，熠熠生輝的當下乃是唯一存在的時間，眾生
與萬物的圓滿終於顯露無遺——沒有什麼是錯的，沒有什麼
不合時宜，一切都是最好的安排。正如十四世紀神祕主義者
諾里奇的修女朱莉安所標舉的：「萬事安平，萬物安寧。」

這樣的時刻，我也曾經有幸體驗過，以下擷取其中的三
次，來跟讀者分享：

> 在挪威極圈偏遠峽灣的海岸線，沿著砂質小徑漫
> 步，左邊三十碼外即是波濤洶湧的海水，一陣陣帶

著潮濕鹽味的冷冽輕風不停地吹皺海面。小徑兩側
的草地，千萬朵細嫩的三葉草在陽光下閃爍著翠綠
的光亮，每個三片葉子都勻稱無比地連接在一起，
中間掛著一顆浪花濺射凝結而成的水珠，每一顆水
珠都捕捉到了永恆夏日的陽光，一眨一眨地將光
芒反射到我眼裡。田野亮鑽遍地，猶如大地星辰點
點。我東張西望，前顧後盼，目光所及之處，千萬
顆明珠盈盈閃耀，歡快的笑聲令我目眩神迷，旅程
頓失目標，沒有目的地，也沒有終點，到此一遊，
只為海與風天荒地老的擁抱，還有那無數麥芒似的
光點。何其圓滿的一刻！

溫暖的春日，坐在紐黑文（New Heaven Green）的
萬頃綠地，午餐已鋪在修剪整齊的草坪上，正等候
與友人共享。天空藍得無以名狀，一陣暖和的清風
拂過我的頭髮，比任何母親的愛撫都來得輕柔。每
一片草葉都在陽光下閃耀著璀璨的光芒，宛若從內
點亮一般。我用手指劃過綠草的芒尖，像輕撫愛人
的肌膚一樣撥弄著草葉，內心無比篤定；這一刻，
有如人類墮落前伊甸園的光景，這就是圓滿。何其
圓滿的一刻！

日落時分，我仰面漂浮在平靜的阿拉巴契亞湖，膝
蓋搭在浮板上，整個人彷彿失重似地懸浮著，不費

一絲力氣。身體的邊緣溶入湖水流動的溫暖，臉龐在它的搖籃中輕輕漂曳，只有眼睛、鼻子、嘴巴暴露在涼爽的山風中。在我的上空，蒼穹清澈得發紫，無邊無際似地一直延伸到視野的終極，與水面輕咬親吻在一起。我的呼吸變得緩慢而均勻，像遠處的群山一般此起彼落。我是天空與湖泊，流水與空氣，內裡與外面，全都融為一體，盡歸寧謐。何其圓滿的一刻！

　　尤金·奧尼爾精彩的自傳劇《長夜漫漫路迢迢》，把這類時刻描繪得入木三分。這部長劇講述了一個因酗酒和精神疾病而陷入困境的家庭故事，做父親的是個酗酒無度的守財奴，最小的兒子是一名水手。在故事結尾處，父親對兒子吐露，他當年是如何為了賺一筆外快而斷送了成為莎士比亞戲劇演員的機會，言辭間充滿了悔恨與失意，乃是一段異常難得且真誠的懺悔。兒子聽罷，與父親分享了他人生中最為美好的一個時刻：

　　我在方頭號上，那是艘橫帆船，正前往布宜諾斯艾利斯。滿月當頭，老破船時速十四節。我面朝船尾，躺在船頭斜桅上，海水在我身下湧起陣陣浪花，桅桿和風帆映著皎潔的月光，高聳上空。這番景致和它歡快的節奏令我沉醉不已，一瞬間，我好似失去了自我——簡直像丟了性命一樣，獲得了自

由！我溶化在海中，成了白色的船帆與飛揚的浪花，成了美景與節奏，成了月光，成了船，成了星光稀疏的夜空！我卸脫了過去與未來，歸於平安、一體、狂喜，融入了某種比我個人生命或說人類生命更偉大的東西，回到了生命的歸宿！有些人會說，那是回到了神。

這類圓滿一刻通常眨眼便過，也有些能夠持續好幾分鐘甚至好幾小時。其實無論長短，只要體驗過一回，人便再也無法如往常那般看世界了。某些東西已經變了，你已經有過「超我」經驗，那種境界有人稱之為人間天堂，與平素活著的感覺判然有別。即便再讓你回到尋常生活（慘一點的則會回到反覆重演的悲劇人生），你再也不會像過去那麼容易受到外界牽動了，感覺有某種力量將你守護包裹於超越凡塵的平安篤定之中。

當知見之鏡無聲無息地碎裂，當永劫無心佈下的帷幕遽然被你戳穿，圓滿一刻便會向你敞開大門，讓你透過永志一心的眼睛看到上文所述的境界，《奇蹟課程》稱為**真實世界**，而進入它的觸發因素往往不是具體的事件。誠然，贏得大賽、考入常春藤大學、簽下終身合約、心愛之人終於開口說「我愛你」，以上種種或許能夠令人感到喜慶、得意、寬慰，但通常仍不足以使人契入圓滿一刻。

法國小說家普魯斯特一生經歷了各式各樣的圓滿一刻，

沒有一次是由於特定事件而起，都是不經意中的某個瑣碎感覺所催生，例如嚐到軟餅乾在茶水泡軟的味道、凝視馬丁維爾鎮大教堂尖頂的線條、踩上兩塊不平的鋪路石而一時失衡。我們能說這些就是普魯斯特體驗到圓滿一刻的**肇因**嗎？倘若真是如此，世人早就爭先恐後拿餅乾蘸茶水，而馬丁維爾大教堂也會成為與路德鎮齊名的聖地了。

理論上來講，永志一心一直在舞臺的側幕，靜候我們給它登場的機會，但圓滿瞬間的發生機制卻高深莫測，只能事後加以揣度，說是緣於教堂尖頂的線條、三葉草的晶瑩珠光、月光下隨波搖曳的帆船。然而，將圓滿一刻與世俗之物扯上關係，其實是小我設法收復失地的伎倆。它回溯當時的場景，斷言那種經驗是特定環境的產物，非它不可，過這村就沒這店。於是，我們只好設法留住時光，把那一刻銘記於心，彷彿將一塊史前時代彩虹翼蜻蜓的琥珀標本收藏在博物館裡，然後根據觸發情境來歸類，再於特定的場合調出檔案加以回味，扼腕歎息，或是藉此吹噓自身的與眾不同，跟人說：「我來給你講講那天下午，**我**坐在紐黑文草坪上經歷到的一件大事！」

我修了幾十年《奇蹟課程》，圓滿一刻已成家常便飯，只需駐足反省自己應當如何選擇，然後下決心由小我轉向聖靈，從永劫無心轉為永志唯心（永志一心），從二號操作系統轉向一號操作系統就行了；當下在世界的所見所感已無關

緊要，因為**心外**無物亦無法，圓滿的體驗只可能源於當下感知萬物的**自性**。在永劫無心目睹人世浮沉之處，永志一心唯見圓滿而無他。

道理不難理解，但問題卻依舊棘手；人依舊情不自禁地投入永劫無心的羅網。究竟是為何故？二號系統怎麼就像默認了操作模式似的，硬是讓人記不起還有另一個選項？為何人明知靈性美妙，卻依然對它的呼喚充耳不聞？假如永志一心能像招牌菜一樣出售，或是在週日佈道時免費發放，整個街區一定大排長龍。舉凡令人感覺神魂超拔的東西，諸如海洛因、酒精、性愛、極限運動、賭博，世人皆趨之若鶩甚而成癮深陷，何以竟不肯拿出相同的決心去追尋真我呢？哪怕一丁點努力都不願付出。

對此，圓滿一刻乃是永志一心的最佳範本，也是最直接的體驗方式，我們不妨由此切入，探究一番。

圓滿一刻的構成

把圓滿的體驗拿到放大鏡下檢視、剖析，簡直如同兒戲——整體性的經驗豈能靠拆解來研究明白？我之所以出此下策，只求這番解析有助於各位領略箇中滋味。

言歸正傳，組成圓滿一刻的關鍵元素有哪些？

1. 經過拓展而呈現遼闊浩渺的自我意識

此時，肉身依舊存在，邊界卻已然形同虛設。自我意識向外馳騁，向上揚升，衝破身體加諸於人的種種限制，將疼痛、飢餓之類的覺受遠遠拋在後頭，有些人甚至感到自己不再孤身一人，而是與自然、眾生、萬有、上主一體。

2. 涵攝一切的平靜之感

這種平靜之感，與奔忙一天後踢掉鞋子，或在被窩裡準備睡個好覺的心情絕不相同。它並非壓力解除或某種作用力消失後所帶來的放鬆感，而是一種僅憑自身存在即可掃除一切不平安的強大力道，伴以無所不在、不受外力干擾的內在寂靜。在它面前，頭腦喋喋不休的聲音只得俯首低眉，退到一邊——這是它註定的結局，塵世之音豈能與這大寂之境抗衡，遑論破壞。

> 有一種寂靜是世界無法侵犯的。有一種亙古常存的平安，一直存於你的心中，從未失落過。（W-164.4:1~2）

　　這就是《聖經》所謂「超越一切人智理解」〔譯註〕的平安，並非常理所能斗量，亦非人智所能理解，只因那是上主的平安。

3. 超越凡塵的光輝覺受

　　光亮對人具有天然的吸引力。高懸夜空的滿月、絢麗斑斕的霓虹燈、萬紫千紅的聖誕燈飾、五光十色的熒熒極光，全都散發著超凡絕俗的魅力，好似在冥冥中提醒人類，真如本性也是這等璀璨。然而，再怎麼明媚的紅塵光景，與圓滿一刻的光明體驗相比，也要黯然失色。

　　進入圓滿一刻以後，人間的事物好似籠罩於某種光暈之中，那既非生活中的燈火或日輝，也不是肉眼可見的光亮，而是「無形無相、無量無邊」（W-44.10:2）的內在之光，經由心領神會而轉譯為光亮的覺受。物品的表面變得莫名凸顯，我們彷彿是誤打誤撞踏進了精巧異常的舞臺佈景，又像是步入了博物館展出的透視圖畫，整個場景如夢似幻，卻又因那層光暈而顯得分外真實。

> 能彰顯出真慧見的真光明，與肉眼所見之光明不可
> 同日而語。它是一種極其統一的心靈境界，黑暗根

〔譯註〕《新約‧腓立比書 4:7》：「神所賜出人意外的平安（超越一切人智理解的平安），必在耶穌基督裡，保守你們的心懷意念。」

> 本無機可乘。如此，你才會看出原本相同之物根本
> 是同一物；與它不同之物，你視而不見，因為它根
> 本就不存在。（W-108.2）

　　有時，你能在人的臉龐目睹這等光輝，彷彿一眼望穿組
織和骨骼堆砌而成的粗糙幻覺，透過肉體窺見了絕對實相的
光明。那種光線永遠溫和如斯，你不會別過頭或閉上眼睛，
反而想要把它捧在手心，相伴相隨，張開懷抱納入己身。那
光線並非肉眼所見，而是心有所感，再把所感聖愛以視覺呈
現。在它的大光明中，一切眾生都是結為一體的生命。

> 有一種光明是世界無法給你的。只有你能給出，因
> 為那是上天賜你的禮物。只有在你給出光明時，它
> 才會光華四射，且殷殷呼喚你捨棄世界來追隨它。
> 這光明對你的吸引，世界望塵莫及。你遲早會捨棄
> 這個世界而追尋另一個世界的。那個世界因著……
> 愛而閃閃發光。……光明無所不在，寧靜而喜樂地
> 籠罩著整個世界。（T-13.VI.11:1~8）

4. 勢不可擋、毫無保留的大愛

　　圓滿一刻所釋出的大愛、光明、平安，乃是普世性的，
古希臘人稱之為「無私之愛」（agape），只因它毫無偏私，
絕非因人而異的排他之愛，亦非此一時彼一時的善變之愛。

它真可謂勢不可擋，能夠消融一切界線，把萬事萬物都包含其中。即便面對死敵，也只想愛他，因為心裡除了愛，再無他物。這份愛與「超越一切人智理解」的平安結合在一起，便會激發「萬事安平，萬物安寧」的深刻感悟。

> 愛完全不了解身體層次的事，它只會把自己推恩於與它肖似的受造生命。愛完全不受限制，這正是愛的真諦。它給出的愛必然徹底公正無私，它無所不包的特性確保了它推恩之物的完整。（T-18. VIII.8:1~3）

愛與紅塵俗物有天壤之別，給出以後不會損失，反有進益，讓施者與受者雙方同時得到**更多的**愛。《奇蹟課程》點出，這一特性證明愛絕非形相世界的產物，而是來自上主，圓滿一刻即是明證。在那一刻的相契中，施予真情的人同時也收獲真情，從中自然就會領悟到，施受雙方其實並無分野，從來就沒有什麼「外人」。愛遯自**如是**──是天經地義的事實，是無所不包的真理，是自性贈予自身的禮物，是上主圓滿大愛的流露。

5. 全然融於當下

圓滿一刻絲毫不受時間的侵擾，屹立於時間之上，駐足於永恆的當下。過去完全無從攀附，甚至可說不復存在。更

確切地說，過去已然無法「觸及」你半根毫毛了。在這永恆的**當下**，往昔種種彷彿憑空杜撰，它的虛幻本質一覽無餘。過去一旦消融了，恐懼與擔憂頓失所據，評判亦無從生起，因為評判必須以過往的經驗作為依據。這一點，我們已經在上一章談過了。

在這綿延無盡的圓滿一刻，你對未來全無掛礙，沒有煩惱，沒有慾望，沒有渴念，沒有厚此薄彼之心，只有對「一切無礙」的全然信賴——萬事安平，恰到好處，圓滿無缺。你敞開心胸擁抱當下一刻，歡迎它帶給你的一切，此外別無所求；或者說，連「求」這個概念都變得十分無稽，因為你深知自己一無所缺，早已擁有了一切真實且有意義的事物，根本不必再求什麼，自然也就沒有任何求取之心。

可還記得，本書「導言」提過歌德的大作《浮士德》。主人公與魔鬼交易，冀望擁有一個令他無比滿足和快樂的時刻，好到足以讓他希望那個時刻綿綿無止期。他所追尋的，其實就是我們所說的圓滿一刻；他根本不必希求永續長存，因為那原本就是一個超越時間的永恆間隙，既不為去日的負擔所累，也不受來日的憂慮牽絆，不多不少的，它正是一扇通往永恆的窗戶。

6. 深刻體悟神聖本質

「神聖」一詞很少出現於世人口中，只因這個萬丈紅塵鮮少有令人感到神聖之物，再者，神聖也難以定義。神學家魯道夫・奧托有部書叫《神聖的理念》（ *The Idea of the Holy* ），全書都在探討這個議題，可惜依然力有未逮，因為神聖無法靠理性分析證得，那純粹是一種體悟。

人間沒有任何一個宗教能夠承包神聖，神聖本身超越了宗教據以立足的紛繁教義，神聖的體驗也與你對神的**信念**無關。無論你是穆斯林、基督徒、佛教徒、猶太教徒、印度教徒還是別派信徒，原本神聖的，永遠都神聖。

說到底，世間萬物皆可神聖，任何物品、建築、地點，無一例外。《奇蹟課程》的筆錄者海倫・舒曼，曾在臭氣熏天的曼哈頓地鐵車廂有過一次深刻的神聖經驗。神聖就居於人心之中，乃是上天所賦予。只要我們秉持圓滿一刻的心態，以永志一心的眼光來看待世界，看到什麼，什麼就受到了祝聖。萬事圓滿，萬物神聖。

7. 臨在感

在圓滿一刻，你與浩瀚無邊的永恆之心融為一體，感覺好似有某種高於一己之物環繞著你。那種神聖的臨在廣袤無

垠，永恆無限，全知全愛，既是你的後盾，又走在前面為你鋪平道路；既盤旋於你的上方，又環繞在你的周遭。有人把這種神聖臨在稱為上主，有人說那是耶穌、佛陀，或是某位守護天使。在我看來，其實那就是靈性的體驗，只不過你感覺那東西好似在你外頭，與你並非一物。

不論作何理解，總之那是一種全然安穩，徹底被愛，受到指引，並且萬無一失的感覺，好像一個受驚的孩子被慈母托起擁入懷中，抱著他穿越一切恐懼與危險。用《聖經》的話說，就是：「我雖然行過死蔭的幽谷，也不怕遭害，因為你與我同在。」（〈詩篇〉23:4）

「戒酒無名會」的創始人比爾‧威爾遜，曾經在生命的某一刻體驗過這種神聖臨在。他形容在湯森德醫院戒酒的感覺，就像「山頂的清風吹拂透體」，正是這次的經歷啟發他創建戒酒無名會，希望這類脫胎換骨的經驗可以治癒成癮症（草創理念）。他與圓滿一刻的邂逅，如今已經令千百萬人受惠。

* * * * * * * *

《奇蹟課程》在〈詞彙解析〉中明確提出，它的教學目標並不是傳授理論或學術觀點，而是教人實實在在體驗普世性的真理、大愛，以及一體生命，圓滿一刻的體驗即是一

例。《課程》是這麼說的：

> 每個人都可能有過某種「靈魂出竅」的經驗。……
> 那是一種好似擺脫一切限制的感受。你只要深思
> 一下就會明白，「靈魂出竅」不過是指一種剎那間
> 意識不到身體的感受，心靈豁然開展，融入另一
> 生命的那種合一之感。你們一結合，另一生命便成
> 了你的一部分。雙方頓時感到完整，不再是個別的
> 生命。那一刻其實表示你放下了虛幻的有限意識，
> 放下了你對合一的恐懼。愛在剎那間取代了恐懼，
> 伸向那釋放你的力量，結合於它內。在那瞬間，你
> 對自己的終極真相篤定不疑，而且不再畫地自限。
> 你終於擺脫了恐懼，進入平安之境，不再質疑真
> 相，只是全然地臣服與接受。這才是你真正收到的
> 禮物，而非那具身體；只要你的心靈不再接受身
> 體的限制，你就與那超乎身體之物合一了。（T-18.
> VI.11:1,3~11）

圓滿一刻讓人得以突破色身的有限覺知，張開懷抱與某
種崇高的境界融為一體，這份願心會使人重新覺醒於靈性的
存在，沉浸在靈性的光明、平安、真愛、無比滿足及神聖性
之中。這浩瀚而永恆的當下時分，正是《課程》所謂「真實
世界」的滋味。

一跤跌入圓滿一刻

　　圓滿一刻究竟是怎麼來的？顯然無法刻意為之，倒像誤打誤撞，往往是在最不經意的時候發生的。表面上好似由某些外部因素所促成，其實，那些外部條件無非門面裝點，乍看之下卻儼然是一切的根本起因——永劫無心如此解讀，意在將圓滿一刻拉入凡塵，這點我們已經談過了。話雖如此，圓滿一刻的發生情境確實有一定的共通性，都把人推離小我，引向靈性。

1. 大自然

　　大自然是圓滿一刻的催化劑。碧海青天，彷彿就是廣闊無垠的無限本體，特別容易激發圓滿一刻的體驗。每當人置身山巔、懸崖邊、熱氣球、外太空，映入眼簾的壯麗景觀幾欲把人的自我意識撐裂，心靈於是趁虛而出，與那廣闊浩瀚的空間融為一體。阿波羅14號的太空人埃德加‧米切爾就是一個著名案例，他在太空艙眺望藍白相間的地球時，進入了某種遼闊的神秘境界。可以說，視覺的鋪展好像在呼喚我們擴大甚至消融自我的邊界。

　　凝望閃爍不定的火苗，注視旋轉變幻的風暴雲團，追蹤大雨傾盆落在湖面上的水波——這些都能把人拉出慣常的思維，導向廣闊的心境。然而，感官試圖吸收眼前瞬息萬變的

圖景，很快便力有未逮，敗下陣來。畢竟，言語不足以名狀，類別的概念坍塌瓦解，思考終歸寂滅，留下一片安然而美麗的純粹心境。

在第二章，我們練習聚焦蠟燭火苗、詞語復誦、呼吸節奏，從而繞過永劫無心對覺識的封鎖。其實，反其道而行之，擴大覺知場域，逼令永劫無心超載崩潰，也可實現同樣的效果，使提供反差作用的認知背景無從凸顯，建立在差異性之上的世界自然就會歸返於一體境界，分裂個我的幻覺便也後繼無力了。

2. 迷幻藥

迷幻藥最知名的效果就是它能撞開心靈對「現實」的抓持。前一章提過的赫胥黎，他在著作《知覺之門》（*The Doors of Perception*）詳細描述了仙人球毒鹼這種毒品所催動的超覺體驗。早在1960年代，哈佛教授蒂莫西・利里也曾使二乙基麥角醯胺（LSD）引發的幻遊之旅風靡一時，近年則有西方薩滿阿爾貝托・維羅多博士與心理學博士瑞秋・哈里斯，講述飲用死藤水的體驗，那是一種出產自亞馬遜的迷幻飲料，如今愈來愈時興。

迷幻藥能夠突破人平時的認知模式，讓永劫無心難以為繼，的確足以撼動人的自我意識。試想，當世界在迷幻藥的

作用下變得面目全非，融化於你腳下，你還如何掩耳盜鈴，說世界實在不虛呢？倘若世界不是真的，那麼，一直堅定不移躲在幻相中間的「你」又究竟是誰呢？

　　迷幻藥推倒自我概念的支柱，刺穿慣性與記憶的外衣，將心靈剝掉一層皮，讓它赤裸裸暴露於全新的境界之中。只不過，剝皮的過程可能十分痛苦且恐怖，具有損傷心智的風險，如果想要嘗試，最好準備妥當，在專家指導下進行，以確保自己「旅途愉快」。

3. 極端的體力消耗

　　極端的體力消耗有時也能夠引發開闊、狂喜的意識狀態。有些從事跑步、游泳、舞蹈這類運動的人，聲稱自己練到一定程度時，會進入某種奔騰無拘的狀態，無須專注於身體的動作，渾然忘我於舉手投足，失去了自體的感覺。伊斯蘭蘇菲派旋轉舞僧是靠不停旋轉來擾亂感官，進入狂喜狀態。據我觀察，在搖滾樂團「知恩死徒」的演唱會上，歌迷也經常處於這般天旋地轉、恍兮惚兮的情狀。

4. 疾病或瀕死經驗

　　罹患重病，或與死亡擦身而過的瀕死體驗，足可令意識突破色身限制，延伸到身體之外，坊間許多流行書籍都有詳

細記載。原因很明顯，陷入重病或垂死時，小我再也抓持不住，意識遂得自由徜徉。

5. 性高潮

性高潮或許是最具普世性卻也最少有人論及的超覺體驗，能夠將心靈一腳踹入強烈、開闊、合一、平安的境界，讓人遊走於失去自我意識的邊緣，只不過持續的時間過於短暫，法國人稱之為「小死一番」。諷刺的是，讓肉體超脫自身限制的，恰恰是強烈的生理興奮，所達到的效果與瀕死體驗和極端的體力消耗別無二致，但是它的速度之快，瞬間便會把人拉回原先的狀態。

* * * * * * * * *

可惜，以上途徑皆非圓滿一刻的萬靈丹。遠眺勝景、跑馬拉松、與死亡擦肩而過、性交，做這些事的人可多了，但能有幾個見著圓滿一刻的影兒？強摘的瓜不甜，甚至很可能讓你吃盡苦頭，而完全背離了最初的目標。

即使吃了迷幻藥，也未必就能體驗到圓滿一刻。隨便找個吃出岔子的人問問，便知幻遊之旅何等驚險多舛，膨脹欲出的狂喜轉眼便會緊縮變形而成可怕的夢魘，尤其是當事人對所在環境並非完全放心時，藥物所促成的精神幻變作用極

易令人走火入魔。

　　再怎麼深切渴望，世間也不會冒出一個圓滿一刻的萬能公式；偶爾發生個一回，基本上也只是對圓滿境界的驚鴻一瞥。絕大多數人並不會就此徹底覺醒且不退轉，平時為了工作、金錢、人際、健康，仍會不知不覺煩惱起來；「萬事安平，萬物安寧」的美妙頓悟早晚會風乾為記憶，偶爾拉出來深情回味一番，彷彿重溫記錄幸福時刻的褪色相片，只可惜感動愈變愈淡，這大概也在所難免。若是成天高居於無限平安、大愛、光明的心境，正常日子恐怕就過不下去了。

　　但是，倘若你**可以延續這一刻**，長久沉浸在充滿美感、平安、喜樂的入定狀態，你可願意如此？

與圓滿一刻失之交臂

　　無論是《奇蹟課程》，還是古往今來的神秘教派，所定立的修行目標都不外乎開悟、救恩，或說從小我的夢魘中覺醒，悟入光明、真愛、平安、神聖、臨在、超越時空的圓滿境界。哪怕是片刻的經驗，也要比生死之間所謂「人生」的須臾間隙更接近真實，亦即《課程》所定義的**真實世界**。話說回來，永恆之心從未離開人，是人有眼不識泰山，不能心悅誠服，還故意漠視那種經驗，覺得時間與精神應該用在更

要緊的事務上。

試想，當初我若戴著深色偏光眼鏡穿越挪威的三葉草地，必會錯過萬頃綠葉上的閃亮珍珠。世人滿腦子永劫無心的念頭，豈不就是戴上一副黑不透光的眼鏡，如何能看得見每分每秒的圓滿？當年徒步挪威海灣的我，心中若是為了某人的侮辱而惱火，或害怕自己誤入私人領地而遭到逮捕，抑或擔心自己沒錢買機票返回美國，我是不可能有心情留意周邊的景色的。再比方說，我若急著走到終點，好回去睡覺、吃飯或是和女友見面，或者只想拔足衝刺，跑在所有人前面，打破記錄，念茲在茲的都是身體的需求，或者關乎個人價值的目標，圓滿一刻同樣會與我失之交臂。或許，我會注意到三葉草上閃閃發光的水珠，甚至驚歎其中的美，但那也不過是事後諸葛，心靈原本可以當場契入不朽的當下，卻因聚焦於過去或未來，而無從超脫紅塵。

只要你依舊認同永劫無心的自我概念，圓滿一刻永遠只能是天外飛來一筆，固然美好，卻可遇而不可求。你不得不認命，何況你還有更重要的事情要操心——工作穩定嗎？婚姻穩固嗎？醫療保障靠得住嗎？退休金有多少？這些才是人生的頭等大事。再不濟，還有性愛、毒品、搖滾樂等等的，這些活動大可歡樂終宵，何苦追尋什麼圓滿一刻呢？

還記得嗎？第一章講過一個在街燈下尋找鑰匙的故事，我們讀完雖然不禁搖頭，大嘆愚不可及，但事實證明，自己

和那名男子並沒什麼兩樣；惟一的區別是，我們不僅不在光亮中尋找，反而跑到黑暗裡摸索。只因人類已經黑白顛倒，相信昏暗的路燈才有光亮可言，別的東西都不亮，於是那黯淡的光暈便成了我們唯一的光源和找到方向的救星。殊不知，人類畫地自限，在裡頭汲汲營營，唯有圓滿一刻才會讓人在黑暗中一瞥真正的光明，看清自己何其愚昧，竟一直跪在黑暗中摸索試探。圓滿經驗雖然只有一瞬，卻彷彿太陽一般光芒萬丈，點亮某種迥異於日常的心境，令人無限神往，但求永遠安息於此。也許，我們若堅信此心必勝，永劫無心必敗，不再期望於烏有之鄉找到什麼寶貝，停止緣木求魚，便可以安息於圓滿。

圓滿一刻的最大障礙就是對小我的認同。小我一除，圓滿寧靜的靈性之境自會昭明，令人感到「萬事安平」。因此，若想時刻置身圓滿一刻，唯一的辦法就是學習識破小我的種種偽裝，讓它識趣而遠去。換個說法，心靈若想獲得長久的平安，必須撤除所有令它不平安的東西，這也是《奇蹟課程》以及本書的核心主題，後面還會經常提到。

《奇蹟課程》開宗明義，強調它是一部教人「**化解**」的課程：「*旨在清除使你感受不到愛的那些障礙；而愛是你與生俱來的稟賦。*」（T-in.1:7）只有清除永劫無心的習性，永恆之心才有回復正位的可能。倘若繼續忠心耿耿地諦聽小我的空幻獨白，是不可能聽得見聖靈的輕言細語的。否則便只

會自相矛盾，好似想要在暖陽中呼吸新鮮空氣，卻堅持留在牢房之中，即使門戶大開也不為所動，只因你不覺得牢房外頭有什麼值得一看的東西。為此，你若真想找到自己在上主之內的真實家園，就必須放下**自以為**能夠分辨好壞真偽的盲目自信，然後重新選擇。這其實是你唯一的選擇。

慧見：認出萬物的一體性

　　《奇蹟課程》有各種不同的概念和比喻，用來幫助人了悟與上主及眾生一體的真實生命與本性，其中有一個觀念，貫穿了〈正文〉與〈練習手冊〉，出現的頻率甚至更勝於寬恕和奇蹟，這個觀念就是慧見，說全了，就是基督慧見。《奇蹟課程》所謂**基督**，並非特指拿撒勒的那位耶穌，而是泛指上主之子。這裡補充一點背景：《課程》是經由內在靈音秘傳給海倫‧舒曼博士的，她認定傳訊的聲音是耶穌。根據《課程》的闡述，上主之子即是全人類的集合體，之所以使用陽性的「聖子」一詞，一是因為它寫作的年代，二來主要是想賦予新義，把它從基督教設定的名相解放出來。基督教認為聖子唯指耶穌一人，但耶穌其實並無特殊，只不過是在所有人之前率先覺醒於自己的真如本性，然後努力將自身所學傳授於人，告訴大家：眾生雖然面貌各異，卻都是同一位上主之子，都是上主的後裔，是祂無限存有的延伸，那存

有純粹是愛，此外無他。

　　因此，所謂基督慧見，意謂在萬事萬物中唯基督、一體、上主、真愛是瞻的眼光。凡是覺悟基督自性之人，所見唯有基督，故只會用這種「永不失色」的眼光來待人接物，認出眾生原非身體，而是心靈，並且是一體的心靈，這不啻為最終極的領悟。

> 基督的慧見只有一條法則。就是它絕不著眼於身體，也不會把身體誤認為上主創造的聖子。它看到的是超乎身體的光明，超乎一切形相的理念；它所見到的純淨本質，遠非錯誤、瑕疵，甚至……可怕罪咎所能污染。……它是以永不失色的光明看著每一個人、每一境遇、每一件事。（W-158.7:1~3,5）

　　以基督慧見著眼於萬物內的上主，表示你願意**化解**知見立足的差異性，讓自己的眼光超越其上，重申上主造化的至理地位。

> ……學習如何以愛，以感謝及開放的心來對待萬物吧！你現在還看不見它們。你想知道它們的內在真相嗎？絕不是它呈現於你眼前的樣子。它的神聖目的遠遠超越你那短淺的視野。（W-29.3:1~5）

　　由此可知，我們在圓滿一刻並非用肉眼在看，而是以愛的「雙眼」，或說基督慧見，讓目光越過小我的知見世界，

無視其間的分野和反差，認出自己的本來生命與萬物一體，從而療癒分裂的世界。〈練習手冊〉第三十課的標題說：「上主在我所看到的萬物內，因為上主在我心裡。」接著開始描述「慧見的跳板」：

> 我們試著透過世界而看出隱藏在自己心裡的東西；我們想要看見的一切都在那兒。這表示我們不再排斥自己所見之物，而願與它結合。這就是慧見與肉眼之見最根本的差別。……真正的慧見，不只不受空間與距離的限制，也完全不靠肉眼的功能。心靈才是它唯一的源頭。（W-30.2:3~5; 5:1~2）

人之所以能和自己所見的一切結合，只因萬物都是心靈的產物，與其說是結合，毋寧說是重聚。這個原理，就如同我在第二章所說的《魔鏡之旅》一樣，都是把知見所架構的虛幻鏡面一舉擊碎，讓眼光穿透它所呈現的幻相，從而目睹**真實世界**，契入那滌蕩了小我塵垢與扭曲的境界。可還記得本章前文那段有關「靈魂出竅」的引言：

> 那一刻其實表示你放下了虛幻的有限意識，放下了你對合一的恐懼。愛在剎那間取代了恐懼，伸向那釋放你的力量，結合於它內。在那瞬間，你對自己的終極真相篤定不疑，而且不再畫地自限。（T-18.VI.11:7~9）

　　圓滿一刻其實就是淺嘗真實慧見的瞬間，著眼於無限並且充滿大愛的一體生命，認出它原來就是我們的真實自性，一如當初上主所造的樣子，從無半分減損。

練　習

　　既然永恆之心從未遠去，時刻光輝燦爛，何以圓滿一刻竟如此罕見？世人又為何甘願認命，還吃不到葡萄說葡萄酸？試想，假如你知道自己每天（哪怕是每月）都能體驗到圓滿一刻，心情豈有不好之理？天天都能品味徹底解脫煩惱憂慮的感覺，對日常諸事的看法又豈會一成不變？說真的，心靈隨時隨地皆可契入圓滿一刻，但前提是你必須主動選擇，並且清理乾淨永劫無心的各種雜念，圓滿一刻方有浮出水面的空間。

　　這個練習並不教你追逐圓滿一刻，那不是能追求到的東西。相反的，你要觀察自己的心靈在何處阻塞，而使得圓滿一刻無法流向自己。

　　問問自己：**願意**體驗圓滿一刻嗎？假如**現在**就能有一位聖人或大師在你面前顯靈，面帶燦爛微笑，賜予你圓滿一刻的體驗，你可願意接受？

　　如果答案是斬釘截鐵的「願意」，那麼要恭喜你了！不過，練習還沒完。

　　如果答案是「不願意」，原因何在？莫非你希望晚些在更恰當的時機才降臨？為什麼呢？唯一的可能就是你覺得某些事情比圓滿一刻更重要，或是心存恐懼，不敢隨時隨地體驗。若是如此，請你誠實面對恐懼，對自己坦誠就好。

　　現在，一起來看看小我阻礙我們進入圓滿一刻、體驗神聖生命的信念有哪些，這樣，你至少有機會選擇是要繼續緊抓不放，還是鬆手釋懷。

- 職場或學業需要

- 為人父母的責任：學校、健康、安全

- 家務：採購食物、準備飯菜、打掃衛生、安排修理維護、支付賬單、庭院園藝

- 擔心外表：樣貌、衣著、形象；別人會如何看你；保持性感或健美身材（運動、理髮等等）

- 惦著即將到來的約會

- 令你懊悔的失敗和經歷；未能做到盡善盡美，或遺憾未做之事；平時令你感到內疚或羞恥的事情

- 娛樂活動：你期待的事情，比如上館子、吃零食、喝酒、吸毒、性愛、運動，乃至於令你欲罷不能的電視連續劇

- 你渴望能購買的東西，例如汽車、衣服、鞋子、珠寶、古董、藝術、夢想的家園

- 盼望擁有的體驗，比如旅行、海邊度假、聽音樂會、親臨重大的運動賽事

- 長年的擔憂，比如健康、人際關係、所愛之人的幸福、財務穩定、退休，乃至死亡

* * * * * * * * *

看到沒有？小我有多少讓你偏離正軌的誘餌！反省一下，上述哪些是小我的最愛？哪些是它最得力的左右手？小我就像一個讓人傷腦筋的老情人，一想到你沒有它也能找到幸福，便妒火中燒，非要把你跟平安拆散，讓你回到它的懷抱不可。

諾里奇的朱莉安說：「萬事安平，萬物安寧。」有沒有可能這原本就是你的人生現實？〈練習手冊〉第二百九十二課保證：「萬物肯定會有個幸福結局。」暫且假設這就是事實（雖然最終結局未必合乎你的想像）。有多少次，你幾乎要為某件事情發狂，結果那事後來自行化解，並未激起多大水花？即便是更大、更棘手的問題，多年後以過來人的心態看，最多只能引起輕輕的歎息，甚或令你忍俊不禁。現在，請從這種角度來審視當前令你枕戈待旦的擔憂和渴望，對著

清單一條條提醒自己：這件事肯定會有個幸福的結局！

　　現在回到圓滿一刻的課題。〈練習手冊〉第一百零一課和一百零二課告訴我們：「上主願我活得圓滿幸福」，「我與上主一樣願自己幸福」。倘若真是如此，那麼你大有召喚圓滿一刻並將它納為己有的權利——不是因為你陷入了絕望，或是想要顯得比別人更特殊、更神聖，純粹是因為那原本就是你的天賦權利，而你也全心願意領受。

　　召喚圓滿一刻，就是現在。

　　然後，保持耐心，放手讓聖靈來決定哪些場合適於開放心靈來體驗圓滿一刻，同時警惕小我把你拉回恐懼的企圖，並且信任聖靈會適時幫你找到越過小我的途徑。時候一到，你就會「誤打誤撞」進入圓滿一刻，萬事自會安平，萬物自會安寧。

第 4 章

一體生命的呼喚

　　1983 年的春天，我在費城混跡了五年多，已經和當地的狂熱球迷打成一片。早些時候，費城隊曾贏得 1980 年世界大賽，而今看來，這個「費城 76 人隊」頗有挺進美國職業籃球聯賽的勢頭，這是將近二十年未曾有過的大事。我是朱利葉斯・歐文的超級球迷，他打前鋒，舉止彬彬有禮，說話輕聲細語，卻能做出超乎萬有引力定律的轉體和旋身動作，憑一己之力改寫了籃球的打法，可謂一騎絕塵，贏得冠軍頭銜乃是**理所當然**。費城 76 人隊以摧枯拉朽之勢吞噬對手，橫掃季後賽，全季僅輸一場，在職業籃球聯盟的決賽擊敗了「魔術師強森」領軍的洛杉磯湖人隊，而且是連勝四場，贏得相當漂亮。

八十年代的美國有許多城市呈現尖銳的種族矛盾,費城也不例外。76人隊大敗湖人隊兩年後,警方放火把一整塊非裔美國人的社區夷為平地,意在將名為「基督生命運動」(M.O.V.E.)的非裔美國人解放組織趕盡殺絕。耐人尋味的是,76人隊拿下職業聯賽冠軍的那一晚,整座城市,除了歡慶氣氛高漲,倒是一片風平浪靜。

當年,我正與未婚妻住在一起,她不明白,怎麼會有人為了一場愚蠢的運動賽事而變得如此亢奮。顯而易見,她無法分享我歡天喜地的心情,但我卻**需要好好**慶賀一番,於是開車來到了城市大道,那裡是內城區和富人郊區的分界,人稱「主線」(凱瑟琳‧赫本和卡萊‧葛倫演出的電影《費城故事》讓此地聲名大噪)。四線道上車水馬龍,鳴笛不斷,一群又一群的男子站在馬路中線,主要是非裔美國人,手裡拿著掃帚,寓指76人隊掃蕩湖人隊的壯舉。我在左車道上刻意緩緩駛過,把左手伸出窗外,一個接一個地跟這群掃帚大軍擊掌相慶,一起歡笑,一同吶喊,一片歡騰。正常情況下,我跟他們的生活不會產生交集,即使偶有匯合,彼此也會透過種族與文化偏見的濾鏡來相互審視。但這一晚不同,我們是一條心,一個民族,一座城市,為了球隊的奏凱而相聚歡慶。

這等盛事並非難得一見。有些隊伍,如波士頓紅襪隊、芝加哥小熊隊,將近百年不曾贏得世界大賽,一旦破天荒奪

冠，歡慶活動必定一連持續數日。二戰結束後，歐洲勝利日和抗日紀念日的遊行隊伍更是氣勢如虹。集體湧動迸發的喜悅排山倒海，慶典本身也許僅僅幾個小時，那份記憶卻會延續一生之久。

大雁的啟發

現在把畫面由歡慶的人群切換至一個安靜優雅的場景：一隊南遷過冬的加拿大大雁，正以明確可辨的 V 字形翱翔於湛藍的天空，一路上不斷輪換領隊。牠們能夠憑本能識別地標，導航到過冬的地點，年復一年，分毫不差地飛往心中的目的地。

這群大雁與興高采烈的費城球迷有何相通之處？後者只是萍水相逢的陌生人，自顧自地慶祝幾十年難得的特別事件，前者卻是季節交替之際井井有條的必然事件。

答案是：二者都是個體自願與他者聯合，將身分融入大集體，實現了更高遠的意義與使命。當然，結合的意義與目的有所不同。大雁是要躲避嚴寒，非要前往過冬的家園不可，好在牠們個個輕車熟路。相形之下，76人隊的球迷除了慶祝以外別無所求，偌大的陣仗全憑自發，全市電視機前的觀眾同時由沙發一躍而起，像潮水一般湧入街頭，既不為

抗議,也沒有恐慌,只想普天同慶。這一晚,階級、文化、種族的邊界消融殆盡,這是何等稀罕又何等美妙的景象!

大雁並非絕無僅有的族群,動物王國中一致協作的案例還有很多。螞蟻戮力同心,築起規模可觀的地下巢穴,白蟻所建的土丘更是體積龐大、管線縱橫,猶如街道交錯的人類都市。蜜蜂四處搜尋布滿花粉的花朵,然後用複雜的舞蹈動作通知同伴花朵所在位置,上下一心地為蜂巢利益服務。這些團體行為和大雁南飛一樣,都是為了集體的生存與繁衍。

狩獵採集型的社會也必須團結一致,互相聯合,與家庭關係之外的人組成部落,方可生存。對於部落中人而言,部落就是他們的全世界,成員相互依靠,才能滿足食物、住所、教養、性愛、娛樂、醫療、儀式等等需求。同樣的道理,移民為了保障自身安全,也喜歡住在同一個社區,在陌生的新環境中延續共同的文化傳統。我祖父亞瑟就住在他弟弟家的對街,他妻子,也就是我的祖母,同樣是住在姐姐家的對面,跟她妹妹也只隔了三戶人家,雖稱不上部落,但規模顯然大於當今社會的家族。

在自然界中,與同類團結通常是必要的生存之道,但這其實違逆了小我的私心,人骨子裡都想脫離集體,另起爐灶。不過,此事說來話長。

我們在第一章說明了心靈如何利用身體與私心營造一種

獨特的自我感，東拉西扯地拼湊出搖搖欲墜的個人身分。在第二章，我們看到了知見如何將世界拆解為一個個界線分明的物體與互不相干的事件，讓人自視為分裂世界中的個體，且以同樣褊狹的眼光看待其他塵世中人，認為他們與自己一樣，都是住在身體中彼此互相隔絕的心識。用《奇蹟課程》的話講：

> 每個人都會為自己打造一個小我或自我；由於小我
> 的不穩定性，必然隨波逐流且變幻莫測。他還會為
> 自己眼中的人打造出同樣令人捉摸不定的小我來。
> （T-4.II.2:1~2）

我們把世界塞滿數之不盡的分裂小我，再根據一己私心推斷他人的動機，作出各式各樣的評判和褒貶，然後找個合意的團體依附其中。然而，跟其他小我組成再多的團體，投以再大的忠誠，人心最根本的自我感也不會為集體感所取代，到頭來，個體還是個體，只是剛好歸屬於某些團體而已。不過，小我既不能反映真我，世人的心態也不足以反映和改變人間團體的真正意義。

試問，個體身分與集體身分的平衡點究竟在哪裡？個體性與社會性在人的身分各佔多大比重？當我驅車來到城市大道，隨興跟陌生人手舞足蹈地擊掌歡慶時，我當然沒有忘記組成我身分的工作、住宅、未婚妻等等。相反的，我之所以如此開心，恰恰是因為深知大家都有迥異的人生背景，卻能

因同是76人隊球迷的關係而相聚相契。

　　大雁的情況也許剛好相反，牠們的個體身分在集體身分面前不值一提。想一想，可有一隻大雁想要獨自遷徙？或者，雁群會放任個別成員光憑一己私慾來左右航向嗎？同樣的道理，蜜蜂、黑蟻、白蟻可能獨自謀生嗎？「獨立」的概念對這類物種可有任何意義？

渾然一體與各自為政

　　有一個問題值得探討：群居動物和昆蟲究竟應該以「隻」還是以「群」作為有機體的計數單位？是一隻大雁還是一群大雁？是一隻蜜蜂還是一窩蜜蜂？是一隻螞蟻還是一樹螞蟻？為共同目標而協作的「一群個體」，其實也可視為由眾多部分組合而成的「一個整體」。或許，真正的有機體原本就是蜂巢、蟻穴。這樣講可能有些弔詭，好像非逼人把自己的獨立身分說成整體的一個部件，登時動搖了小我的立身之本，難免引起它的不安。然則，歸屬於整體其實能夠產生十分深遠的行為效益，一言以蔽之，團體能為個體所不能為，自然界的蜂巢和蟻穴就是典型案例，人類其實也一樣。

　　賈伯斯和史蒂夫・沃茲尼亞克當年在車庫中搞弄出個人電腦的設計圖，但是這一系列打著蘋果商標的產品，依然要

靠一整個龐大的組織才能設計並製造出來，然後行銷全球，進而像如今這樣改變人與人的交流模式。現在如此，過去亦然，無論埃及和中美洲的金字塔、中國的長城、英國的巨石陣、歐洲中世紀的大教堂，或是在復活節島的高坡豎立面朝大海的巨石像，全都得靠成千上萬的工人默默無聞勞作若干個世代方可建成。很明確的，這是有組織且有共同目標的團體才能鑄就的偉業。

話說回來，集體行事也有陰暗的一面。暴徒若是聚眾鬧事，只會更加無法無天，打砸搶燒通通不在話下，甚至於殺了人也臉不紅氣不喘。諸如第二次世界大戰的納粹、柬埔寨的波布和他的紅色高棉政權，以及西班牙宗教法庭之類的政治事件，造成無數死傷，甚至公然屠殺異族，規模之大，再兇惡的連環殺手都望塵莫及。總之，無論群體行為是善是惡，對於普羅大眾都具有不容小覷的吸引力。

只因團體魅力太大，讓人**渴望**加入，成為大集體的一員。無論是高中橄欖球隊還是總統選舉，只要是為了某種高遠的目標，人們就願意鞠躬盡瘁，將生命奉獻給高於自身的理想，從而實現無私付出才能帶來的意義。投入志業的人愈多，這個志業便愈讓人奮不顧身，否則怎會有那麼多人誓死報效國家？這也是伊斯蘭極端組織 ISIS（ISIL）能在世界各地吸引人效命的原因。極端組織向國破家亡、苦求意義的可憐人許以遠大崇高的理想，誘惑他們為之奮鬥甚至犧牲性

命。對那些可憐人來說，與其在冷漠無情的城市做一個窮困
潦倒、無足輕重的失業遊民，倒不如轟轟烈烈、光榮赴死，
來得「有意義」。

邪教組織與部落

　　團體歸屬感足以激發強大的向心力，最終導向的結果卻
可能大相徑庭，邪教組織與部落就是一組相對照的典型案
例。邪教組織往往都有一個極具號召力的核心人物，聲稱
自己受神明加持，或是享有與神界互通的特權，具備獨步天
下的知識、能力或影響力；他所說的話，在教眾聽來皆是至
理，無人敢疑。只因教主的崇高地位是神明親封的，凡追隨
者皆可同沐聖澤，但前提是必須無條件服從命令，哪怕要你
幹下傷天害理的事，也得閉著眼睛往前衝。

　　邪教組織還會鼓勵成員捨棄前塵，斬斷一切與組織無關
的人事聯繫，全心投入教中「高尚」的生活，有時教主還會
為人賜名，強化教徒的再生身分。凡萌生去意者，必受申
斥，甚至還有處罰；因為「離開」意味著不服從領袖權威，
若不加以嚴懲，難免其他信眾也生異心，懷疑教主所鼓吹教
義的價值。唯有誅其心於未萌，組織才能凝聚不散。為此，
教主和他的左右手必須對成員嚴加管控，以森嚴的組織規定

來迫其就範。

　　總之，敢走就教你生不如死！許多邪教組織骨子裡其實
嚮往死亡，視之為從五濁惡世逃出生天的終極解脫與勝利。
瓊斯鎮〔譯註〕的人民聖殿、天堂之門、大衛教派，便是以大
規模集體自殺收場的。

　　你可能感到奇怪，邪教組織弊病如此之多，何以竟延續
不衰？究竟吸引力何在？原因就在，邪教組織能給信徒帶來
一般生活所不能企及的價值感與使命感，讓他們變得與眾不
同──不是信徒本人變特殊了，也並非他有何輝煌成就，純
粹是仗著他加入了一個優越的組織。邪教組織把自己偽裝成
一個理想的家庭，教主則化身為美好的大家長，禮賢下士，
報答成員無條件的忠誠。教眾名為歸屬，實為自棄，但是，
對大多數成員來說，似乎也值了。

* * * * * * * * *

　　說起當年在美國中西部開疆闢土的拓荒者，首先浮現
腦際的便是蠻荒地區的粗獷壯漢丹尼爾・佈恩（1734～
1820），戴著浣熊皮帽，佩一把帶鞘獵刀，手握燧發槍，尋

〔譯註〕南美蓋亞那叢林小鎮瓊斯鎮，於1978年11月中旬，共有九百多人，聆
　　　聽一段廣播之後集體自殺，全部遺體呈現放射狀，陳屍於鎮上廣場四
　　　周；事發之後，舉世震驚。

獵林中，出生入死。再不然，便是令人想起山居人傑里邁
亞‧約翰遜（電影《猛虎過山》的主人翁），孤身苦撐，艱
難求生。然而，獨力存活的案例畢竟罕見，說不定根本就不
可能。美國人推崇僅憑一己之力披荊斬棘的強人，暴露出我
們重個性而輕集體的偏見。另一方面，在美洲森林和大平原
的生存考驗下，真正活得下去並且能夠蓬勃發展的，其實是
一些同氣連枝的部落。

　　乍看之下，部落和邪教組織頗有相似之處，兩個群體都
是眾人生活在一起，團結於共同的社會身分與目標，遵循既
定的規則、習俗，具有不能打破的禁忌，也都有領袖。但
是，邪教團體的建立，主要是依靠領袖強大的個人魅力，以
及令人仰慕、看似獨到的智慧，組織結構是自上而下，一切
都是領袖說了算。領袖一死，便群龍無首，直到新主繼任。

　　部落正好相反，是由下而上組織起來的，領袖在成員中
間產生，根據經驗、智慧、勇氣進行選拔，有能者居之。也
就是說，部落需要的是已經做出成績，且能著眼大局、不求
居功自重之人，在他眼裡，集體的存續是第一目標，個人得
失則在其次。這一點，就和雁群、蜂窩、蟻穴異曲同工。必
要時候，任何個體都可拋卻，哪怕是犧牲酋長本人也在所不
惜，因為真正要生存下去的生命體是部落，個人只是服務於
整體的一部分。

　　現代社會讓人很難理解部落生活的巨大吸引力，今天有

誰會放棄住宅、工作、家庭以及文明社會的種種利益，跑去加入一個部落社會呢？我在慶祝 76 人隊奪冠時，與揮舞掃帚的狂歡人群稱兄道弟，但在情緒平靜下來以後，回到家，看看電視新聞，睡一覺，第二天又會正常上班，一切故我。現代社會的任何關係莫不如此，哪怕是並肩作戰的士兵，一旦戰事結束，彼此也一樣各自打道回府，雖然曾一同經歷生死，往往還結成「兄弟連」，然而這些並不能消泯他們的個體身分。

塞巴斯蒂安・榮格爾（Sebastian Junger）2016 年出版的《部落》（*Tribe*）一書，生動描繪了部落生活對於美洲印第安人，乃至十七、十八世紀歐洲移民的吸引力。作者並未過多著墨於部落營地內部的運作方式，而是拿乏味的西方文明進行對比。另如《小巨人》、《與狼共舞》之類的熱門電影也採用了類似的手法。然而，榮格爾書中最令人震撼的莫過於親身經歷那個時代的人所提供的活見證。

在這本書裡，班傑明・富蘭克林指出：「許多遭到（印第安人）俘虜的成年移民，相比自身族群，似乎反倒更喜歡印第安社會。」此言不虛，無數獲救重返原來家庭的俘虜，最後依然選擇離家出走，逃回曾經收容他們的部落家庭。榮格爾引述了一位法國流亡人士的話，他說：「成千上萬的歐洲人成了印第安人，卻沒有一個印第安人自願成為歐洲人，這表示他們的社會紐帶裡頭一定有某種特別迷人的東西，遠

勝於我們所鼓吹的社會關係。」

　　另一方面，部落社會的平權屬性對於婦女而言，也可謂求之不得的解脫。書中，一位匿名女性如此描述部落生活：「這裡沒有主子，我和部落裡的所有女性都是平等的，隨心所欲，沒人說三道四。我只為自己工作，想結婚就結婚，想離婚就離婚。你們城裡找得出和我一樣獨立自主的女性嗎？」她說得直截了當，而且合乎事實，無論英國清教徒、法國獵人，或西班牙征服者，的確不曾如此重視女性。

　　或許是因為部落社會高度平等，叛逃的概念猶如天方夜譚，沒人想要背棄滋養他、保護他的部落，忠誠是發自內心的，不似邪教組織，有時還需強迫信眾的意志。

　　部落成員認同集體生活，即使被人強行從部落擄走，乃至送回文明社會，也絕不背棄部落之名，這跟邪教世界簡直有天壤之別。邪教組織上下分明，教眾全聽上級指揮，離心之人要受嚴懲。兩者為何有這麼大的差異？

共同目標的力量

　　《奇蹟課程》指出，回歸一體生命的第一步，就是以某種形式悟出：個人利益與他人利益是一致的。「也只有同一

目的能將人們結合在一起；凡是接受同一目的的人，必然同心一志。」（T-23.IV.7:4）在本質上而言，比如單純效力於少年棒球隊，或投入緊張而嚴格的特種部隊執行機密戰鬥任務，都一樣是在特定時間與人和衷共濟。

> 當兩顆心靈結合為一，平等共用同一理念時，表示你已經跟一體性的聖子奧體（心靈一體的覺悟）建立了第一道連線。（T-16.II.4:3）

邪教團體和部落都為成員提供了懷抱共同使命感的機會——這正是二者魅力無窮的原因。只不過，邪教團體是圍繞著領袖的個性、各類癖好和念頭組織起來的，這種團結勢難穩固，因為領袖只是一個充滿缺陷的普通人，和他的信徒沒有兩樣，也會朝三暮四、反應過度、黨同伐異，耗損眾人的共同志向，直到組織徹底瓦解。可以說，只要團體的目標並非立於真理的基石，所能賦予的一體意識必然短暫而無常，因此，說它虛妄不實也毫不為過。由此凝聚的團結，不過是單一個體透過其領袖人格所塑造並放大的團體身分。

較之於邪教，部落自下而上的組織結構來得穩定多了。首領也是為部落服務，但因對所有成員一視同仁，他的決策自然有利於團結，不至於將部落裂解為相互競爭的派系。在此同時，團體同舟共濟，並不表示就容不下分歧，正相反，部落不僅思想開明，甚至重視差異，故也不需要自上而下，要求統一步調。

此外，部落和邪教組織還有一個更根本的區別，這也是邪教成員經常逃跑，而部落成員卻不願被人拆散的根本原因，就是兩者的建立初衷具有本質上的差異。邪教團體的組建和發展全是圍繞偉大領袖的特殊形象來展開的，而部落則是眾人相依為命的地方。就共同目標而言，生存顯然更為關鍵，在這個吉凶難卜的世界，或許沒有比它更堅實的目標了，這一點絕對有利於使人團結，萬眾一心。

國難當頭之際，共同目標甚至有燎原之勢。第二次世界大戰期間，法國抵抗運動把社會各階層的人團結在抵抗納粹佔領的共同目標下。2001年，紐約世貿大廈遭遇恐怖襲擊，美國人民頓時聯合一致，而上次出現這種舉國團結的盛況已是二次世界大戰末期的事了。無論蒙大拿、密西西比，或是夏威夷、緬因州，所有人都和紐約市民站在一起，共同面對可怕的逆境。其實，當年全世界都曾結合於這一共同的身分認同。這一點，我們稍後再談。

總而言之，相較於邪教團體，部落更能彰顯群體意識，因為成員的價值和榮耀在於他對整體的貢獻，而非個人的特殊性。共同目標就是生存——不是讓某個人活得好，而是讓整個集體存續下去。邪教團體也有某種集體意識，但是團體的目標全憑領導人決定，難免反覆無常。整個團體都被他的小我綁架，個體只能屈居從屬地位，以滿足教主對阿諛奉承的渴望。因此，邪教團體實在不配作為群體意識的典範。

群體意識的體驗

　　話說回來，你我泰半永遠不會加入部落或邪教組織，只會一輩子住在自己那一畝三分地，與周邊的社區通常無甚連結。那麼，日常生活可有擁抱群體意識和共同目標的機會？其實並不難找，每當我們為了某個相同的目標與人攜手同行，那個目標便會暫時取代你的個人目標和小我身分。

　　在俄勒岡州波特蘭市外十五哩的一個小公園裡，哥倫比亞河岸上，夕陽西下。導演喊道：「開麥拉！」一位年輕女子朝我的方向緩緩跑來，孩子們在附近的鞦韆上嬉鬧，不遠處有名年輕女子坐在草地上，背靠大樹，周圍散落著嬉鬧孩童扔下的木炭素描。忽然，她雙手緊摀胸口，兩眼圓睜，滿目震驚與困惑。

　　我站在邊上，看鏡頭跟拍著慢跑女子。慢跑女子瞥見女畫家，慢下腳步，上前輕聲問道：「喂，你還好嗎？」女畫家不能自已地啜泣著，同時鬆開雙臂，伸出去讓慢跑女子察看，上面有一道道血淋淋的傷口。導演喊道：「咔！」

　　我對天發誓，自己真的起了雞皮疙瘩！淚水湧上我的眼眶，這是我一生最美好、最自豪的一個時刻，親眼目睹自己腦中誕育的角色，在電影開機的第一

天變成了活生生的人物。現場這麼多人——演員、
攝製組、導演，以及搭建靴韃隨後又要在落日餘暉
中拆除靴韃的工作人員。大家聚在一起，都是為了
拍攝我的劇本，把紙上的文字轉譯成實際的場景和
畫面，進而組成一部電影。

* * * * * * * * *

在我生命中最能反映共同目標的經歷就是拍電影，劇組
的親密情誼無與倫比（除非家裡即將面臨斷炊），所有人的
貢獻都會受到重視，也都不可或缺。假如演員台詞唸得結結
巴巴，假如現場打光不好，假如服飾化妝出了毛病，假如鏡
頭偏位，假如片場的食物不夠大夥兒吃，假如……，無論哪
一種假如，整個場景乃至整部電影都可能功虧一簣。

一般人很少有機會親身經歷電影拍攝，但多半人都曾參
演過學校話劇。我看過我女兒和搭檔對台詞，為的只是一部
演上三四晚便再無聲息的舞台劇。儘管如此，演員之間卻形
成了足以維繫數年的紐帶。舉凡加入團隊，公司也好，外科
手術室或律師事務所也罷，都能給人一種親密無間的體驗，
當然，前提是團隊成員重視彼此的貢獻，不讓個人的小我插
足其中。

同心同德所帶來的強烈親密感，有時會將人捲入感情糾

葛和風流韻事的漩渦中，只因世人常把齊心協力的興奮誤解為肌膚之親的悸動，這也難怪好萊塢明星的離婚率居高不下——和其他主角在封閉的片場密切合作六十晝夜，那種形影不離的親密，連夫妻關係都相形失色。辦公室戀情也是同理，哪怕參加為期一週的研習，尤其是那種涉及私事分享的工作坊，人與人都足以形成同等深度的親密感和同樣的群體身分，但同時也伴隨著墮入溫柔陷阱的風險。

然而，無論現場有多火熱，關係有多親密，等最後一幕拍完，影片殺青，一切便結束了。高潮終會退落，人總是要各自回家。縱然工作計畫仍要繼續，團隊也難免發生人事變動，有的人另謀高就，有的人分派到其他計畫，當初強烈的集體感以及同心一志的情誼逐漸消失在記憶中，終是不能延續，因為彼此的關係並非建立在終極永恆之物上。小我的夢幻世界雖然不乏令人興奮陶醉的時刻，可是美好時光遲早會化作泡影。

* * * * * * * * *

我那次拍攝電影的喜悅沒過幾天便開始消減。第一男主角進組之後，鐵了心要根據自己的喜好來掌控拍攝過程，台詞想改便改，既不尊重原著，也不管故事合理與否。只因為他自認為經驗豐富，便覺得除他之外無人拍得好這部電影。導演不敵那種囂張的氣燄，只好順了他的意，最後剪輯出來

的片子漏洞百出，簡直無可救藥。

可見，團體再緊密，只要有一位成員放任小我出來指手畫腳，聲稱：「**這裡就我一個明白人！**」團體就離完蛋不遠了。其他成員若是聽之任之，放任此人奪權稱霸，團體就會變得與邪教無異。若是起身反抗，團體便會在積怨的重壓下分崩離析。失去了原先的共同使命感，喜悅和興奮自然也難以為繼。

我過了好幾個月才終於接受現實，自己的電影永遠與放映機無緣了。既然往事不可追，何必念念不忘？（第一天在哥倫比亞河畔的希望和激情有多高漲，此刻放棄的失落和悲哀就有多深沉）結果，我反倒得以邁出人生的下一步，收獲了我的第一部書作。

不妨想像一下，假如拍攝順利，如有神助，弄出了一部十分傑出的電影，接下來會發生什麼呢？在電影節展映，給發行商收購，交由對方拼湊出精彩的預告片，期待影片獲得好評，等等等等。若是福星高照，我會小賺一筆，或是贏得某某獎項。即便如此，一切終會消失褪色。就算是榮獲奧斯卡獎，在人群和攝影機前歡天喜地揮舞小金人，第二天早上醒來一定也要尋思：「接下來要做什麼呢？」

有多少次，實現目標，興奮片刻，便又落入那最最熟悉的空虛之感，渴望新的挑戰？說實話，這活法挺讓人上癮

的。高潮退落，人便想逆轉退勢，登上新的高點，成就更宏大的偉業。《奇蹟課程》點出，小我的信條就是：「去找，但不要找到。」（T-12.IV.1:4）它希望我們永遠都在尋找的路上。於是，我們加入新的團體，編寫新的劇本，展開新的運動，尋找新的愛人，投拜更好的瑜珈老師。然而，只要認定價值感和使命感來自於身外，等於是把尋找的範圍局限在小我設置的街燈光線內，而那裡是永遠也找不到意義和幸福的。聽信永劫無心的話，人就會像無頭蒼蠅那樣繼續沒有結果的追尋。

分解與合成：退降 VS. 生命

中世紀學者與現代物理學家恐怕並無多少一致的想法，但有一個信條，雙方一定都贊同，那就是：時空世界內的萬事萬物終將走向終結。

中世紀學者稱之為**混沌**的必然勝利：一切生命終將敗給空洞無光、血口大張的虛空，物理學則稱之為「熵定律」或物質與能量的「退降法則」（entropy）。任何物理系統都有趨向穩定低能量狀態的特性，因此，高等組織總是不斷降級，朝無序發展，直到徹底陷入混沌。無論汽車引擎、金字塔、颶風，抑或你我的肉身，都逃不過這條法則，終有報

廢、瓦解、消散、化為塵土的一天。在這個過程中，能量不
斷游離外洩，過程可以慢如樹幹腐爛，也可快似瞬間爆炸。
但凡結構，都會分解，敗給退降與混沌法則。

　　原因很簡單。任何物理系統的組織升級，都需要能量補
充輸入。原子要靠高能鍵才能結合為分子，組成你我基因
的細胞與核苷酸也需要能量才能把所需的蛋白質組合在一
起，宇宙中沒有什麼是誤打誤撞聚在一處的。但是，物理學
告訴我們，能量是有限的，過去、現在、未來的一切能量都
已存乎宇宙之中，既不會再創造，也不會消滅，只能改變形
態而已。

　　當你拉扯橡皮筋，所用的能量便轉移到橡皮筋化學纖維
重組而成的結構當中，一鬆手，能量便啪的一聲釋放出來。
若把橡皮筋拉扯個一年半載，又會如何？橡皮筋會不斷損
耗，釋放儲存的能量，最終變回最鬆弛的原始狀態，於是也
就不再堪用了。那麼，橡皮筋一開始的能量是哪裡來的呢？
來自你的拉扯。你又是哪裡來的拉力呢？身體用消化酶將攝
入的食物分解並轉化為肌肉運動。食物的能量又是從何而
來？肉類的能量是動物消化有機物和植物所得，蔬菜則是植
物轉化陽光而來。說到底，行星地球的一切能量差不多都來
自陽光（海底火山口的熱量是一個稀有例外）。然而，連太
陽也會在幾十億年後燃燒殆盡，這種現象，我們早在其他太
陽與恆星的演變過程中見識過了。總之，宇宙之中，退降法

則歷歷不爽。

　　退降和死亡其實是一回事，只不過衡量的尺度不同而已。如果把生命看作需要能量補給的高級組織，根據退降法則，攝入的能量終會離散一空，身體會隨著年歲漸長而不斷衰老（一如滿天星辰的生滅），生物組織中注入的能量會不斷衰減，回歸自然，不知何時便驟然崩解，嘭的一聲死了。退降法則註定肉身必亡，無論你有何嘉言懿行，成聖抑或犯罪，做個守財奴還是敗家子，是智者還是愚人，這一生遲早都要走到盡頭的。

　　然而，我們剛剛已經談過，退降法則並非故事的全部，否則我就無法在此寫作，而你也讀不了我的作品。你我活著的事實（縱然短暫），即證明了退降法則的失效。可以說，生命本身就是抗衡退降效應的一場大計畫，而且是在多個維度同時進行的。較為簡單的低級生命形式會不斷進化，與其他生命體結合，形成更加複雜的生命種類。比方說，人體內的每個細胞都含有粒線體，這些細胞器可謂細胞的動力工廠，為細胞提供必要的運作能量。而粒線體本身其實也是一種細胞，只不過形態更加原始，乃是生命形成之初為了提供能量而被其他細胞整合進來的，如今作為細胞的一部分為它的生存貢獻一份力，而細胞也為粒線體提供生存和運作所需的營養成分，可以說，兩者在共生雙贏的關係中互通有無，往來不斷。

也就是說，生命就是一個協作與結合的過程。分子聚合成蛋白質、脂肪、核苷酸，這些物質再組成活體細胞，細胞再繁殖形成組織和器官，而後構成呼吸、內分泌、免疫等系統。這些系統協作無間，於是就有了健康運作的生命體，亦即你和我，然後我們才能生活、聊天、愛恨、工作、玩耍、吃飯、睡覺、建造、毀滅。

生命本身即是集體意識運作的有力例證，各部分朝著共同目標戮力合作，合成一個遠遠超過部分總和的整體，只不過人們鮮少如此看待自己。各部分一邊在其所在層次履行任務，一邊獲取所需的能量和材料。當你狼吞虎嚥芝士漢堡，大嚼羽衣甘藍沙拉時，你應該不會想到這是為了給細胞和器官提供養分，只是單純覺得美食當前、食指大動而已，由此可見生命運作的集體群舞有多麼神奇。各部分知道自己的任務，並且認真執行，然而，整體卻不怎麼意識得到這些部分的存在，這完全不妨礙它在更高級的層次完成**它自身的**功能——知道多了，反而礙事。

想像一下，隨時都要自行監測並調節心率和呼吸是怎樣的感覺。有一種罕見疾病，叫作「溫蒂妮詛咒」綜合症（命名取自希臘神話中的海仙女神），病因是調節呼吸的下腦幹受到了中風影響，病人可以正常呼吸，前提是他必須隨時在心裡意識著呼吸，不可走神，否則身體是不會自動重啟呼吸的。一旦沒了人工呼吸器，他們真的就會昏死過去。請看，

原本不必你操心的身體運作功能，突然變成了需要你全神貫注的事項，這不是詛咒是什麼？

不過，除了這些極為罕見的例外，生命過程基本上是運行無礙，而且無所不在的。雖然沒有一個生命個體躲得過死亡，但是生命的整體卻總能一波接一波地擋下退降法則的無情浪潮。

天堂之亂

假如整體之內的某個部分自認與眾不同，一枝獨秀，就像我的電影主角稱霸片場那樣拋棄本職，甚至另立門戶，脫離原先角色所依託的整體，尋找新的天地，結果會怎樣？背井離鄉，開拓美好生活，乃是無數小說與電影的主題，因為它正契中了小我心底最深的迷思。

小我喜歡充當孤膽英雄。既然自視離群之馬，除了接受獨來獨往的命運，便無其他選擇，於是乾脆順水推舟，把這說成偉大光榮的人生志向。傑里邁亞・約翰遜（電影《猛虎過山》之主角）粗獷的個人主義、追名逐利的獨立創業者、意志堅定證悟自了的修行人，可以說，這些全是小我「自我創造之夢」的縮影——什麼上主，什麼鄰人，什麼更大的整體，什麼群體的利益，什麼你是整體不可分割的一部分，都

是胡扯，滿全自身的關鍵在於自己，與他者無關。

十七世紀英國詩人約翰・彌爾頓在其經典之作《失樂園》中，對墮落天使撒旦的刻畫，所體現的正是這種哲學觀。撒旦篡權失敗後，被上帝逐出天庭，索性揚言：「寧在地獄稱王，不在天堂稱臣。」這話一聽就是魔鬼之辭，可是平心而論，我們其實挺有共鳴的，應該說，有同感的是我們的小我。唾棄上主、掀起必敗之戰的墮落天使，簡直就是小我和永劫無心的化身。小我心高氣傲，不肯承認錯誤，更不肯退讓，以為讓位於真理便等於落敗，不明白那只是選擇清明神智而已。從這個角度來說，小我就像一個叛逆的嬰兒，就算發現呼吸是一件別無選擇的事，也非得堅持憋氣，卻感到自己不得不屈服於對空氣的需要，惱羞成怒，誓不退讓，非要證明自己不可！

如果我們跳出局部，從大局視角審視這場驕傲的反叛，其中的荒唐當下便一目了然。試問，離群之雁，棄穴之蟻，豈能獨活？假如領頭的大雁鐵了心認為只有自己知道正確路線，不讓其他大雁接替自己的位置，結果會如何？或者，牠自以為是，帶領雁群偏離航道，會造成什麼樣的後果？假如有隻螞蟻打算放棄枯燥重複的工作，還鼓動成千上萬隻夥伴加入自己的解放運動，蟻群會落得怎樣的下場？工蜂若要推翻蜂后，取而代之，結果如何？

若論及身體，想像一下，假若某個肝臟細胞擁有自主意

識，厭倦了日復一日的重複工作，想要換個活法，追求更好的「胞生」。也許，可以把自己鍛鍊成肌肉細胞，去舉重，或者變成心臟細胞，好好享受隨心跳律動的感覺。於是，這個細胞拋下肝臟細胞的身分，擺脫同類，離開居所，成了其他類型的細胞，在人體內四處遊蕩，探索更好的安身之所。這下好了，人體冒出了一個惡性的癌細胞。

顯然，肝臟細胞永遠不可能獨活或者成為別的細胞，人也是如此。若要成全自己，關鍵不在於脫穎而出，而是兼容聯合；普天之下，沒有能自成圓滿的生命。《課程》告訴我們：「孑然獨行的旅程註定失敗，因為它一開始便已摒棄了自己所要尋找之物。」（T-14.X.10:7）在永恆之心的實相中，**根本沒有**孑然獨行這一回事，也沒有需要你獨自踏上的旅程，因為生命是不能**獨活**的。你並未受造成獨立的個體，而是整體生命的一個面向。只有小我的顛倒妄想才會滋生出個體意識，為天人分裂的信念撐腰。若要尋獲幸福，你首先得明白，自己**並非**孑然獨立，也永遠不會落單的。好似肝臟細胞，在受造之初便是更大整體的一部分，因此，你的幸福必然與整體息息相關，這是你與生俱來的秉性，根本沒得選擇，因為創造你的人並非你自己，小我再怎麼想要顛倒黑白都不會改變事實的。

無常與對立

　　人人都想有個家，受到毫無保留的歡迎與珍愛，在那裡得到接納和歸屬。可是，真正的家到底是什麼，又在何處，怎樣才能找到呢？對於螞蟻、蜜蜂、肝臟細胞，答案顯而易見，它們知道自己的身分與使命，自然有所繫屬，所在之處便是家園，從來不會萌生脫離群體的異心，做害群之馬。然而，對於人類來說，問題要複雜許多。誰會因為與父母同住的地方是第一個家便永遠住在那裡？又有誰會到處參加團體，每加入一個便問：**「妳是我母親嗎？我屬於這裡嗎？」**直到最終找到那個最最特別、願意毫無保留地歡迎自己、重現家庭溫情的團體？其實，這正是許多人建立家庭的原動力，好像只要親自挑選配偶、生下子女，自創一個屬於個人的小團體，便能確保裡面都是會永遠愛自己、容忍自己情緒與不良行為、不離不棄的家人。

　　然則，有一個難題擺在眼前。凡是我們以物質生命加入的團體，亦即人間一切由個體組成的組織，全都無法長久，包括家庭。成員來來去去，即使最忠心的，最後也難免撒手人寰。無常不可避免，因為世界本身就是變幻無常的。

　　《課程》告訴我們，但凡無法持久的幸福都稱不上是真正的幸福。「令人捉摸不定的幸福，或是隨時空變化無常的幸福，極其虛幻而沒有意義。」（T-21.VII.13:1）而虛幻之

物，必然令人憂其命運。

> 我敢跟你保證，任何狀似幸福的經驗，若不能持
> 久，必會讓人望之生畏。喜悅不可能轉為哀傷，因
> 永恆之物無法改變。（T-22.II.3:5~6）

人的內心深處其實知道幸福不會長久，難免擔驚受怕。即便正在歡慶時分，天下無不散的筵席那種念頭也始終蜷縮在內心深處，令喜悅的甜美混入幾分苦澀的味道。

當我站在哥倫比亞河岸邊，目睹自己的劇作正式開拍，我的高亢心態已然埋下了死亡的種子。前面談過，即便影片大獲成功，我的喜悅也不會持久，有道是「此一時，彼一時」，等局勢一轉，事件告終，喜悅也會隨之消失的。

相形之下，我在上一章描述的圓滿一刻卻會永遠與我相伴，不受變化多端的客觀條件束縛，不隨時間推移而褪色，儘管觸發圓滿一刻的場景與細節會在記憶中逐漸模糊，可是這些經驗卻會變得愈發真實。隨著我不斷學習《奇蹟課程》，將永恆之心融入日常生活，圓滿一刻的經驗更是變得唾手可得。

圓滿一刻之所以持久是有道理的。那些時刻並非個個不同，本質上都是一回事，無論以何種方式在何種地點發生，都無關宏旨，只不過是展品前頭的櫥窗罷了，就好像永恆經驗上頭所套的一圈知見畫框，畫框並不重要，關鍵是畫框裡

面的內容。拿《魔鏡之旅》那面鏡子來說吧,鏡子不是畫面的本體,亦非小我的鏡像,而是把人與聖靈及永恆之心的喜悅重新連接起來的一道櫥窗。窗的用途是透光,讓人看見牆外的景色,至於窗戶上的花紋,也就是那麼回事,一點也不重要。

* * * * * * * * *

除了無常之外,人間的組織本質上還有一個十分嚴重的弊病,讓人與永恆之心差之毫釐失之千里。大多數團體都是在跟其他團體的對立中鞏固自己的身分,只有極少數的例外。**我支持的籃球隊很棒,可是對手威脅到我們贏得賽季的希望。我熱愛自己的公司和產品,而競爭公司可能會害我們失去市場。**你的社區、高中、院校、公司、宗教、國家,每一樣都代表了你的歸屬,而你引以為傲的這些團體,沒有一個不與其他組織存在著競爭關係。讓甲社區受惠的舉措也許會對乙社區造成負面影響(例如修建新的高速公路)。即使在非營利組織的世界中,慈善團體也會為了爭取金援而互相掣肘。縱使不至於明刀明槍,他們也會標榜自己和其他組織的區別。所有新教教徒都是在馬丁‧路德抵制天主教會的前提下發展起來的,兩者信的都是同一個神,卻都認為自己獨樹一幟,而且說得頭頭是道。連《奇蹟課程》也免不了派系之別,學員之間支持不同的詮釋、教師,各有自己青睞的

《課程》版本，與其他人涇渭分明。

　　前文談過部落和邪教組織的強大吸引力。在這個過度重視個人價值的社會中，兩者所營造的集體身分頗能撫慰深受孤獨之苦的現代人。然而，邪教的創立同樣是為了跟社會準則唱反調，部落也一樣，無論內部如何團結，外部卻隨時危機重重，跟其他部落戰事不斷，死傷慘重。假如你的部落敗了，你所識所愛的每一個人便難逃屠殺、姦污、奴役的下場，說白了，就是全族殲滅。

　　群體身分必須仰賴對立與反差來立足，這其實並不令人意外。團體是由各別的個體所組成，每個人都以小我作為立身之本，所建立的團體自然也會染著成員的特質。因此，群體身分無法廢除小我，只是把小我打包起來收藏著而已，藏一陣子就藏不住了。小我的結合算不得真正的結合，因為小我是分裂的產物，除了分裂以外便一無所是。在團體之內，縱然我們一心與他人攜手共進，小我也勢必不放過標新立異的機會，從而保住與眾不同的個體身分，其結果，人們並未強調同一，反而強調了自己與他人的差異。到了最後，團體要嘛分崩離析，成員跳槽去「更優質的」團體，要嘛就是靠抹黑攻擊其他團體來讓內部同仇敵愾。無論何種結局，其實都只是回頭去玩永劫無心的遊戲罷了。

尋找海納百川的團體

　　群體成員獻身於共同使命，固然能夠同心同德，然而，集體的目標若是包含了小我及世俗的成分（通常難免如此），那麼，團體本身也會受到薰染，遲早淪為與人作對的一股勢力而陷入無常。

　　團體的成立目標表面看來可說千差萬別，有些想贏（運動隊、軍隊），有些想改變世界（公義），有些想盈利（公司），有些是助人（慈善機構），有些想攫取權力、壯大聲勢（政黨），有些是為了分享共同愛好（同好團體），有些是要傳道授業（學校）。每個目標在不同時期都會對不同的人產生吸引力，但沒有一個能**永遠調和眾口**，全都不具普世性，也全都不夠終極。這也難怪，人間的一切哪個不透著小我的分裂味道？那是萬物生來的「原罪」，團體也自然不能倖免。

　　但是，有沒有什麼理想能將所有人團結起來，強到足以超越小我以及它對特殊性的渴望？

＊　＊　＊　＊　＊　＊　＊　＊　＊

　　科幻電影有一個分支專門講述外星文明入侵地球的故事，例如《獨立日》、《戰爭遊戲》、《星河戰隊》等等；還

有一個分支，講人類面臨瘟疫或小行星撞擊之類的全球性災難。這類影片看起來特別過癮，原因不難理解，人人都迫切希望彼此能超越種族、宗教、國籍，攜手並肩，聯合一致；但是，倘若沒有共同敵人，哪來並肩戰鬥的機會呢？可惜，即便全世界一致對敵，人心的分裂意識也不會憑空消失，遲早會粉墨登場，暗中破壞共同的目標。人們可能會為了該如何作戰而相互僵持不下，或者在戰勝過後飛鳥各投林，再度劃分陣營，龍爭虎鬥，分裂成一個個利益相爭的小團體。

說到底，人的自我就是分裂之念所滋生的幻覺，因此，由個人所組成的團體，無論規模大小，都難以眾人一心，這是我們必須面對的現實。人與人渴望攜起手來，結成永不分裂的同盟，男女老幼盡歸其中，永遠無落單之虞，而且大庇天下，海納百川，絕不樹敵。**這樣的團體**，在小我世界就別指望找得到了。

這等於是在外在世界尋找只存於內心的事物，當然不可能找到。在形相世界追求無形無相之境，在充斥差異與對立的世界尋找合一與平安，在肉身林立的世界尋找身體永遠無法承載的東西，這樣的追尋無異於水中撈月。我們當然可以去找，但是一定不會找到。「別往身外追尋了。那註定會落空的，……你就會哭泣一回。」（T-29.VII.1:1~2）

我們若想體驗同氣連枝的聯盟關係，投入一體性海納百川的熱情擁抱，躋身那個最終極的團體，必須讓眼光超越小

我，望向永恆之心；而合一的代價就是要放下個我的身分以及它所心心念念的目標。為此，《課程》提醒我們：

> 在這世界，只要你相信是好的、有價值的、值得爭
> 取的，不論是什麼東西，對你都可能有害，而它確
> 實傷害得了你。不是因為它真有傷害力，而是因為
> 你不願承認它的虛幻而把它弄假成真了。……只要
> 把一個幻相當真，這人便會掉入所有幻相的陷阱。
> （T-26.VI.1:1~2;7）

這要如何辦到？誰能放棄自己珍惜的東西？唯一的方法就是認清那些東西其實並無價值，而且，愈是把心念放在上面，愈會自絕於找到真正價值的希望，不啻拿天賜的大禮換取冒充黃金的鐵塊。

可惜，知之不易，行之更難。與永恆之心圓滿合一的大願實在有些超出我們的能力範圍，需要一點助力才行。而今，這份助力已然化作了《奇蹟課程》以及我們每一個人的導師——聖靈。只要我們願意秉持《課程》的教誨，誠心試上一試，一定會見到成果，並且放心自己走對了路。

一無對立的結合

　　凡是不以永恆之心為目標的團體，都等於默認效忠永劫無心，只因一心不能侍奉二主。那麼，人間的團體若是達不到超凡脫俗的境界，是不是就無法致力於超越小我的目標？有沒有「立於世界，卻不屬於世界」這種標的？其實，有些事看似與永恆之心無干無涉，亦不能促成圓滿一刻，但如果能幫人拉近與永恆之心的距離，促進覺悟，難道不算功德一樁嗎？不僅不助長小我的企圖心，還能移除覺醒的障礙。當一個團體旨在幫人從永劫無心的某個面向解脫出來，其實就是在實行這樣的功德。

　　匿名戒酒協會（包括「戒酒無名會」，以及遵循其十二步療法的團體）便是個中典範。協助戒酒，或許不足以使人回歸永恆之心，但少了清醒，覺悟便是免談。故此，擺脫成癮依賴（酒飲、毒品、賭博、食物、性交、財富），乃是必要前提。

　　那麼，「戒酒十二步」有何訣竅，能為永恆之心效勞而不致為小我所用？如果光是一群酒徒在教堂地下室相互規勸戒酒，還真達不到這個目標，因為成員依舊各行其是。「戒酒十二步」的基本觀點則是認為小我**沒有能力**自癒，只有臣服於更偉大的威能（你叫它什麼都可以），一起朝恢復的目標攜手並進，才能激發超越小我層次的結合之力，讓組織不

再只是一群烏合之眾，而是成為團結全體的一股引力和萬眾歸心的一個聖壇。

　　「十二步」團體所採取的匿名制更是有助於此。許多人以為他們匿名是為了保護隱私，避免醜事公之於眾，被人罵作「酒鬼」。然而，匿名制並非完全為此而設，它其實還能幫助成員認識到，各自的世俗身分，無論貧民還是大亨，學者還是輟學生，全都與團體以及共同的目標無關，反正在座都是酗酒人士，誰也不比誰特殊，誰的生命故事都不獨特，大家完全是為了擺脫成癮而聚在一起，其餘皆無關宏旨。

　　恢復自由之身的首個徵兆，就是人能保持清醒，不再依賴酒精，這也是加入戒酒會的最初目標與原動力。不過，保持清醒只是一個開始，剛攻下灘頭堡而已，若把十二步貫徹到底，後頭還有更廣闊的自由天地。因為將自己的心意和人生交託給高於自身的大能，對於世俗事物的欲求自然會隨之降低，使人步履輕盈地穿越幻相世界，在逆境中也能心平氣和，時時覺察心中的怨尤，明白助長私念的危害，而心甘情願地放下。他們樂於助人，且不求回報，不存小我的私心，也不把他人視為另一個小我，而是看作身處同一戰線共同追求自由的夥伴。這樣的人，已經成為永恆之心的舵手。

　　有關戒酒無名會，我們最後一章再談，目前只需了解：人心最終的依歸絕非某種物質或某件事、某個人，那只是同一問題呈現於物質世界的不同形式罷了。真正的問題永遠都

是我們把小我當成了自己，把它的私心當作人生的追求，結果「找，卻怎麼都找不到」，陷入慾望、失落、受苦、迷戀新事物的無限循環，終究脫身無能。但是，就像酗酒者臣服於大能那樣，只要你把小我的計畫交給永恆之心，哪怕只是獻上一丁點的願心，局勢也會因之扭轉。從此，你便不是在分裂的層次上運作了。一旦把心交給一體生命，奇蹟必會應邀而至的。

淺嘗天堂的滋味

本章結尾，我想再舉最後一個例子，說明個體加入一個擁有共同目標的團體，並且受到平等的待遇與尊重時，整體便能遠超部分的總和，即便這個整體仍然是由個體所組成。

在合唱團中，歌手的嗓音全都獨一無二，各司其職，高音歌手不會嫉妒低音歌手，反之亦然，沒有誰是特殊的，成員是去是留，團體都不至於散夥。外人當中有才又有意的，皆可自由加入。眾人相輔相成，能夠合唱出任何個人或樂器組合都望塵莫及的聲音。

你在合唱團的歌聲並不會獨佔鰲頭，但是你不僅不會吃虧，還能借勢壯大，因為你歌唱時聽到的是眾聲匯集而成的樂團大合唱，這個大合唱的和諧悅耳歌聲，宛若由你口中唱

出，個體與集體根本不分彼此。

> 因為每個部分都指向同一目標，彼此怎麼可能衝
> 突？還有哪一部分會落單？或是某一部分變得比其
> 他部分更為重要？（W-318.1:2~3）

> 唯有讓分裂的心靈共享同一任務，它們才會結合於
> 同一個目的之下，因為每一個體對它們全體都成了
> 不可缺少的一部分。（W-100.1:3）

　　合唱之聲，一如時空世界的所有事物，終有休止之時，
但是沒有人會後悔，也沒有人會害怕尾聲將至，因為什麼都
不會失去。歌曲不會就此消亡，反而會因此成就，永遠留在
你的心中，留在合唱團夥伴與聽眾的腦海中，以後隨時都可
以從記憶中調取出來，而且不會令人生出曲終人散、悲欣交
集的懷舊之情，永遠保持當下時刻，人間滄桑不能觸及分
毫。最後留存的，不是你個人的微弱聲音，而是眾人齊聲的
大合唱，各聲部的歌唱渾然成為浩瀚輝煌的樂章。

　　無怪乎貝多芬在他倒數第二部《第九交響曲》的最後樂
章，選擇凌越交響樂團，引入人聲合唱席勒的《歡樂頌》改
編曲，來將整首交響曲推至最高潮。貝多芬明白，只有合唱
團才能向聽眾傳達上主之愛的莊嚴與崇高，將他們提升至神
魂超拔的高潮之巔！「我們無法獨自詠唱救恩之歌。」（T-
13.VII.17:1）

《課程》同樣使用歌曲的比喻來描繪天堂的整體性。比方說，《課程》的補編材料〈頌禱〉提到：「真正的祈禱」意謂上主與其造化，也就是與其唯一聖子之間的交流途徑。這條管道在小我與幻相世界出現以前便已存在，在它們消失以後仍然永恆如是，故說天堂的頌禱之聲是：

> 自那一刻起，它就成了造物主與受造物之間互通聲息的唯一聲音；它是聖子獻給天父的頌歌，也是天父還報聖子的感謝。他們永恆不渝的愛和諧地共振，歡悅地共鳴，而且無遠弗屆。（S-I.1:2~3）

《課程》殷殷提醒，你在這首歡樂頌佔有不可或缺的席位，少了你的聲音，歌曲也將不復完整。

誰不想加入這樣一場愛的永恆大合唱？這是你我身為奇蹟學員和上主失散兒女的首要目標和同氣所求。

練習：第一部分

反觀人生，回憶一下曾經給你歸屬感的團體，例如運動隊、線上聊天群組、學校合唱團、活動策畫委員會、工作專案小組、旅行團、家庭節日聚餐、示威遊行、癌症互助小組、戒酒十二步小組。還有一些情況，結合的特性未必那麼明顯，感受也有好有壞，比如共同挺過颶風或龍捲風，彼此都有親人命喪戰場，一起通過期末考試。或者若干微不足道

的小事，比如在大雨連綿數週後放晴的那個下午一起漫步街頭，與行人相視微笑。

請回想一下這類經驗，多多益善，但也不必強求，若有時間就寫下來。

現在，請逐個回顧，並自問以下題目：

● 當時心裡有歸屬感嗎？

● 團體中的**每一個人**都歡迎你嗎？而且同樣熱情？沒有任何猶豫和保留？

● 團體中的其他人也都受到歡迎嗎？

● 你的貢獻和其他人的付出是否受到同等重視？

● 你在團體中可曾對他人的角色心生評判，覺得自己矮人一截，或是高他一等？

● 離開那個團體的原因是什麼？是自己決定離開，還是被「清理門戶」了？

● 大家最後散夥了嗎？是因為時移世易，還是目標已成？抑或另有原因？

● 現在來回答最關鍵的問題：你列出的這些團體，哪個令你感到快樂？

- 有沒有哪個團體不單在特殊時刻令你喜悅，平時也能給你安和持續的幸福感？

- 哪些團體不僅當時令你心情愉快，如今想起來，心中的喜悅也不遜當年？

不難發現，團體的經歷並不十全十美，即使感受過接納和快樂，也是有期限的，就如同我的電影。況且你也不見得受到了完全的接納，有人喜歡你，也有人討厭你。整體而言，我敢打賭，你參與的團體沒有一個能給你帶來持久的快樂，因為小我遲早會粉墨登場，往裡插上一腳。

回顧一下，小我是何時冒出頭的？它是怎麼像蠕蟲一樣滲透進來，啃噬團體，把攜手合作轉為勾心鬥角的？找一找它動手的痕跡以及慣用的套路，但是不要加以判斷，像局外人一樣，靜靜回顧就好。人生免不了煩心事，哪裡都少不了小我，唯有學會辨認，一眼識破，才不至於對它束手無策。

諷刺的是，那種猶在昨日、最為純淨而誠摯的快樂，往往源於自發進行而且最不需要你費心的團體，感覺好像在春日第一個明媚的早晨與陌生人點頭微笑一樣，無甚小我的成分，只有對「本來如是」之物的共同欣賞。

練習：第二部分

閉上眼睛，想像全人類都投身於人間唯一的共同事業——救贖大計，要從人我分裂的幻相以及離心離德、同室操戈的苦難中解脫出來。默想之時，務必將所有人囊括其中，除了朋友，也要把你不喜歡甚至視為奸邪的對象也包括進來，不論你認識的還是新聞上看到的，都不要排除在外，把所有人都請到你救贖大業的圓桌前。

現在，試著「看到」每個生命的共同之處，讓眼光穿透外表，越過千差萬別的個人歷史，撥開千人千面的殊異個性，將億萬黎民都涵容其內，直取浩瀚廣闊的永恆之心，其中的大愛圓滿無盡，對眾生一視同仁。感受它流過時空與知見劃分的種種疆界——過去和未來，這裡或那裡，通通不復存焉，也不再有兀自分裂的身體、角色、價值和生存環境橫梗在你們中間。你與眾生一體，結合在全然平等的大愛中，這就是上主的聖愛。

> 如此，我們才算結合於救贖之內，此外，世上沒有一物能夠將我們結合在一起。（T-14.V.5:1）

第 *5* 章

蛋頭先生、分裂人格、無限寶石
——修復四分五裂的自我

　　福音記載，曾經有人丟出一連串問題刁難耶穌，企圖證明他不過是個江湖騙子，其中一題是叫他從摩西所傳的十誡中，揀選當中最重要的一則排在首位。可以想見，無論耶穌選哪一則，提問者皆可加以駁斥。孰料，耶穌竟然別出心裁，回答說：「第一要緊的，你必須愛神，而且要全心全意，不帶絲毫遲疑或保留，用全部的生命去愛。」接著又補充說：「同時，還要愛鄰如己！」（〈馬可福音〉12:28~31）這則訓諭可謂家喻戶曉，經常有人引用，卻也經常遭人誤解；更常見的是，根本不把它當一回事，認為它太過強人所難。無可諱言，耶穌的人生指引的確勁道十足，值得仔細探究一番。

　　當年，人家問耶穌哪則誡命最重要而應該排第一時，他不說哪則，反而巧立新說，另外立了兩則。表面看來，確實如此。

　　對於大多數人而言，「敬天愛神」是一個相當抽象的概念，我們當然覺得這是件好事，也願意去做，卻實在不曉得該從何愛起，說到神就一頭霧水。世有恆言，神是愛，神是純潔，神單純無比，但同時卻又告誡人們，神是緊盯眾生一言一行的判官，應當心存畏懼。說實在的，向充滿大愛的神報以愛心並不難，但是教我們愛一個可畏的神明，便有些不近人情了。再說，我們連神是什麼玩意兒都說不清楚，談何用全部的生命去愛祂？簡直是荒唐。即便恐嚇我們說：「你可以不懂神的境界，但依然要信神愛神！」我們也只能勉力而為，拼湊出一個反覆無常的神明形象，然後盡量去愛祂。

　　幸而，耶穌又補充了「愛鄰如己」的誡命。敬天愛神固然抽象難行，愛左鄰右舍卻是十分具體可行的指令，毫無抽象之處。我們不知道上主是何方神聖，卻深曉自己的鄰居都有些誰——就是身邊每天都會見到的那群人。只不過，耶穌撒的網要遠大於此：從比喻的意義來講，人類住在同一個世界，全都互為「鄰居」，所以耶穌並非只讓我們去愛住在隔壁的一家子，而是所有人，認識的和永遠不會認識的都涵括在內。

　　想一想，人家請耶穌挑選一則首要誡命，他為何要畫蛇

添足多說一則？或許那根本就不是額外的一則，或許這兩條誡命根本是同一則，是同一教誨的兩個面向。有沒有可能，你得先愛鄰，然後才能愛神，只因每一個人類同胞和你一樣同屬上主的造化？我們甚至可以再往前推一步，會不會「愛鄰」才是「敬天愛神」的唯一途徑？愛神落實在人間，不外乎就是愛人，與第一條誡命互為表裡。若是由此觀之，耶穌的答覆實在意味深遠。

耶穌還說，愛鄰並非隨便去愛就好，原話是：愛鄰**如己**。大多數人把這句話當作愛人的尺度和標準，解讀成要像愛惜自己一樣去愛惜別人。但是，我們在第一章看到了，人類其實並不了解自己的真實本質，甚至連自己是誰或者是什麼都一籌莫展，如何說得清愛自己究竟是愛何物？是身體？個性？抑或生平？

對自己不滿的人又該如何對待別人呢？如果他們自慚形穢，曾經試圖輕生，耶穌的答覆是否給了他們恨天怨地甚至奪取他人生命的通行證？顯然，這絕非耶穌本意。

若把耳朵接入真理的頻率，再聽耶穌說「愛自己那樣去愛鄰人」，便知他將「己」與「鄰」相提並論，目的並非強調愛人所應達到的程度，告訴你要用愛自己的濃度去愛鄰人。畢竟，愛是無法度量的，沒有數值可言，不是能秤斤論兩的東西。耶穌真正的意思是說，你要看出，你的鄰人其實**就是你自己**，你們都是大我的一體面向，同樣值得愛。如此

說來，這個看似難於登天的任務也就有了達成的可能，只要
認出大家在唯一重要的方面其實無二無別，愛鄰如己便不是
那麼困難了。

　　這是一舉兩得的好事。懷著愛心看待別人，自然會放下
心中的判斷與怨尤，如此便撤銷了造成人我之別的思維，讓
彼此在愛的拉力下結合為一。愛，看不到差異、限制、例
外，且無所不包，這正是愛的本質，能把人融合在一起。不
學會愛鄰，便看不出鄰人的生命實相。只有在愛的清明光照
下，我們才會認清，彼此原來都是同一個偉大自性的映像，
在上主涵容眾生的大愛中一同光輝燦爛。

　　以上種種，說起來容易，但是要如何辦到呢？平時走在
街上，行駛於高速公路，在超市裡排隊，都該如何用愛的眼
光看待自己見到的每一個人？這簡直比敬天愛神還難。看看
那些與我道不同不相為謀的卑鄙小人，在臉書上對我惡語相
向，甚至揚言要殺我，只因彼此在投票的問題上意見不一，
這樣的人叫我如何去愛？神至少還會以德報德，這些人可絕
對不會的。

　　若要答覆這個問題，必須回到本書開頭的核心課題——
你究竟是誰？如果連自己是誰都搞不清楚，當然無從愛起，
至少做不到耶穌所教導的愛。然而，倘若能重新調整自我概
念，與上主和永恆之心一德一心，起心動念自然就會有愛，
而且對眾生一視同仁，心中唯愛而無他。

你若只要愛，就不會看到其他的東西。（T-12. VII.8:1）

唯有幫人恢復完整，你自己才得以完整，……給予弟兄他真正想要之物，等於給你自己同一禮物，因為你的天父願你有朝一日了悟弟兄的真相就是你自己的真相。你若答覆了他向愛發出的求助，表示你自己的求助也得到了答覆。（T-12.II.3:3~5）

接下來幾節，我會重新詮釋自我的概念，為你的本來面目以及你與眾生的關係賦予新的意涵。天下蒼生都是永志一心的一體生命，彼此的連結永不失落，亦無法破壞。這樣的自我概念與你心目中的人我觀念必定處處扞格，光用邏輯推理恐怕你是聽不進去的。為此，我會用三個不同的案例作為比喻，描繪永志一心的一體自性看似散作形貌各異的億萬生靈，但在本質上卻依然同體同心。

蛋頭先生

1952年，市場推出了一款名為「蛋頭先生」的兒童玩具，成為首個在電視台打廣告的玩具產品。一年後，蛋頭先生經歷了一場莫須有的戀愛，與伴侶倉促完成了順水推舟的婚姻。女方連名字都和他同氣相連，就叫「蛋頭太太」。

　　有些讀者可能不熟悉這款玩具，它就是一顆馬鈴薯〔譯註〕，上面插著塑膠所製的五官和肢體，眼、耳、鼻、口、胳膊、帽子、眼鏡、鞋履等等一應俱全，模樣像人，以不同配件組合一番，就能塑造出一個個表情各異、風格獨特、神氣十足的蛋頭角色。（1964年，受限於新法規，塑膠配件不可有尖角，沒法扎在馬鈴薯上了，通體由塑料製成的蛋頭先生於焉問世，後來隨著《玩具總動員》系列電影聞名於世）

　　這款簡單的兒童玩具如何幫人了解個體之我與靈性及永恆之心的關係呢？假使你有一千個形態各異的生馬鈴薯，不同樣式的塑膠眼睛、鼻子、嘴巴、耳朵、肢體各十個，就能夠輕而易舉建立一個絕不撞臉的蛋頭小鎮，為各人塑造來歷，組建家庭（比方說，同一副鼻子和眉眼的可作為一家人）。有些蛋頭備受你青睞，有些則很不討喜。你還可以讓這些蛋頭先後死去，再補充新的蛋頭，或是調整外觀搭配，組成新的面孔。然而，不論如何調配裝扮，蛋頭先生與蛋頭太太依舊不改其質地，始終就是馬鈴薯，不增也不減；外在形貌並不等於其本質，也不掩蓋其最核心的「馬鈴薯性」以及與其他馬鈴薯的同一性。

　　當然，這個比喻是有局限性的，馬鈴薯畢竟還是各自獨立的事物（外觀也不盡一致），而眾生心內的靈性卻是一個

〔譯註〕蛋頭先生實為馬鈴薯先生，影視作品中通常譯為蛋頭先生，蓋因其後期光滑形貌更似雞蛋。

不可分割的整體。這個比喻意在說明，外表上可能各不相同的東西，本質上卻是一樣的。

　　以下我用一個更複雜但遠比蛋頭先生的例子更為精確的比喻，試著來闡釋這個概念。

案例：四分五裂的自我

　　珍妮看著鏡子，梳理一頭絲滑的金色長髮，眼睛閃著透亮的藍色，教男人不由得一見傾心。她的鄰居茱莉婭則相貌平平，一頭灰褐色的亂髮，一雙棕色的眼睛，眉頭老是半皺不皺，即便遇見難得的好日子也鬆不開一分一毫。茱莉婭擔心自己太胖，平日裡偶爾瞥見珍妮，只覺她平易近人，十分可親，卻又不免妒意中燒，有一次還偷了珍妮的髮梳，把她給氣炸了，嚇得茱莉婭整整兩週不敢見人。

　　一扇緊鎖的門後經常傳來嬰兒的綿軟哭聲，茱莉婭聞之傷心，料想珍妮應該也聽得到，但又說不準，只是覺得，平時珍妮好像就是那副自顧自的德性。茱莉婭並不知道，珍妮家的那扇門其實從未上鎖，而珍妮也一直為嬰兒揪心不已，幻想自己能出手救援，把她帶到安全的地方。可是，她深知自己無力改變現實，每次小心翼翼朝嬰兒的房間瞧上一眼，薩爾都在裡面，僵直地坐在他那把大椅子上，直勾勾地盯著

自己，珍妮若不立刻退下，薩爾便會起身去撫摸佩掛在腰帶上的匕首。在珍妮的印象中，薩爾從來沒有離開過那個陰森的房間。

芙蘭也住同一棟樓，就在隔壁，但是珍妮和茱莉婭從未與她見過面，芙蘭懷疑這兩個人根本不知道有自己這號人物。她今年五歲，照顧嬰兒並加以安撫是她的分內事，一旦做得不好，薩爾就會罰她，而她也沒少受罰，因為嬰兒成天就知道哭哭啼啼，好像遭了多大罪似的，不曉得有沒有他不哭的那一天。

這五個人有何共同點？他們在這齣黑暗戲碼的關聯是什麼？都住在同一棟平價公寓嗎？或是共同組成了一個不正常的家庭？莫非他們都是邪教成員？還是說，他們只是在演一齣怪誕的後現代劇？

事實上，珍妮、茱莉婭、薩爾、嬰兒、芙蘭，都是同一個人的不同人格，案主名叫珍妮佛，三十歲女性，患有學名為「解離性身分認同障礙」（DID）的精神疾病，俗稱多重人格。這些人格（或說是自我的不同面向）全都相信自己是真實存在的人物，在飲食、音樂、服裝方面各有自己的喜好，並且認為自己是一身之主，有專屬的髮色、瞳仁顏色、慣用的手、身高、體重、年齡、氣力、技能；實情卻是：它們明明共用同一具身體。然而，只要某一個人格接管了身體，它就能自行其是。比方說，薩爾根本不管自己其實正活

在女性軀體裡頭，他**就是認為**自己有副男性的身體。每個人格還有自己的一套記憶，有些記憶是所有人格共通的，有些則是嚴格保守的秘密。在外人看來，這些不同的人格顯然都是「假的」，無非是心理疾病的產物而已，但是這些人格打死也不會承認，一口咬定自己與你、與我、與芸芸眾生一般真實。

　　解離性身分認同障礙是「解離」（dissociation）這種心理防衛機制的極端案例，不同的心理功能或說心靈內互相衝突的面向能夠各行其是，互不干擾。你可以把它想像成並行的鐵軌，來去頻繁的火車雖有迎面相遇之時，但是彼此都是行駛在自己獨立的軌道上。

　　我們不妨舉一個日常生活的解離案例，想必人人都心有戚戚焉。你正面臨一個棘手的問題，不嚴重，卻相當傷神。正趕上出門辦事，你上車後在手機上設定好自己最喜歡的歌曲播放列表便出發了。行駛途中，一邊翻來覆去思考先前傷腦筋的問題，一邊大聲跟唱熟悉的歌曲，同時還要留意路況，腦子裡有三樣心理活動並駕齊驅。某種程度來說，你可說是有三個不同的自我正分別進行不同的活動：一個在車流中左右騰挪，一個在跟唱歌曲，還有一個在和難題搏鬥。這裡面哪一個才是「真正的」你呢？你大概會選那個試圖釐清問題的內在心聲。但是，假如有輛紅燈狂閃的警車風馳電掣地追在你的車後，或是有人突然擠進你的車道，你一定會立

刻止住歌聲和思慮，切換至駕駛員的那個自我作為你的主導人格。你在三個自我面向間遊移自如，伺機調整，三者毫無衝突，不會引發你任何的好惡感受，全都相安無事，一起窩在更大的整體中——你認為那個集合體就是你。

解離還有一個實際應用的案例，就是催眠。催眠狀態本質上其實就是意識的解離狀態，你可以在遭受疼痛的情況下毫無所覺，把痛感和表意識的覺受拆分開來，說穿了就是解離。在麻醉技術問世以前，大型外科手術經常催眠病人（二次大戰的最後幾個星期，德軍節節敗退，醫療物資緊缺，所有的戰地手術幾乎都是在催眠狀態下進行的）。但是，我們怎麼可能明明在痛，卻毫無痛感呢？這怎麼可能？

解離能夠將痛覺從頭腦的主要頻道中剝離出來，讓主頻道上站在臺前的自我以無痛狀態行住坐臥。明星四分衛在錦標賽的最後幾分鐘，會把斷肋之痛解離出去，連催眠都不用。他的大腦極度專注於比賽，神經系統傳來的痛覺訊號根本無法打入表意識，主道完全由比賽佔據，不容其他資訊通過，疼痛只得轉移到分支旁路上。同理，催眠也是將痛苦解離至意識的平行軌道上，情形正如火車轉軌以避免相撞。

催眠的解離手段好比用手術刀切除感受到痛覺的那部分意識，把它從整體隔離出去，塞進心靈的一個單獨隔間。只不過，意識的一大特質就是永遠自視為完全體，填充它所能得到的一切空間。因此，感受到痛苦的那部分意識會自成一

格，與另外一部分意識形成分庭抗禮之勢，好像兩者都是有
意識的生命似的。

　　當催眠狀態下那個沒有痛覺的自我佔據主導地位時，當
事人便會認為那就是自己，那個自我也會代表發聲。痛覺既
已解離到另外的軌道上，主幹道的自我便體會不到任何痛
苦。但是，剝離在外的那個自我感受得到痛苦，一有機會也
是會表達心聲的，於是就造成一個十分吊詭的現象：接受催
眠的人一隻手綁著繃帶，泡在冰水中緩解劇烈疼痛，另一隻
手不停在紙上寫下足以驚動鬼神的謾罵言辭，說自己實在疼
得不行，要求工作人員中止實驗，而整個身體卻巋然不動，
面帶微笑地坐著。解離的機制就是這樣運作的，最極端的表
現就是「解離性身分認同障礙」。

> 「切斷聯繫」（亦即解離），不過是一種扭曲而變
> 態的思想模式，它企圖保住兩套無法並存的信仰體
> 系。你只要將兩者同置一處，便不難看出自己是不
> 可能同時接受兩者的。然而，若有一方隱身於黑暗
> 中，這一分裂狀態好似能為雙方保住同等的真實性
> 而共存下去。（T-14.VII.4:3~5）

　　解離性身分認同障礙的成因為何？什麼樣的力道足以把
一個人的自我意識擊碎？答案是，唯有最極端的精神創傷才
會嚴重到令心靈無力招架，最終不得不出此下策，把創傷隔
離出去，而這類創傷幾乎都是在五歲前遭受多人反覆施暴或

性侵所致。一旦過了這個年齡，自我概念相對固化，人格分裂的可能性會大大降低。

年幼的孩子缺乏足夠的人世經驗來面對受虐的創傷，生活中的童趣戲耍都已經應接不暇，尚要依賴父母親或是值得託付的權威角色來協助自己。此時，她平日仰仗的某位成年人若是忽然在夜晚對她加以傷害、凌辱、恐嚇，第二天又死不認賬，反過來指責她撒謊中傷，試想，這等痛心入骨的背叛教她如何消受？

在人類所遭遇的侮辱和傷害中，背叛或許是令人最難釋懷的。我在心理治療生涯中曾經親眼見到，那些戴了綠帽子的男人以及聰明能幹的商人，要花一年以上的時間方能從人生伴侶的背叛或得力助手的出賣中恢復過來。這等事件教一個孩子如何承受？她既無法躲避，也不能反擊，連辨別問題的認知能力都沒有，完全不明白「我叔叔是個恐怖的戀童癖患者」，或是「我母親一定患有精神疾病」。小小的心靈只能用自己唯一的辦法去保護自己——就是跟創傷切斷聯繫，把它隔離到另外的軌道上去。於是，那段令她羞於啟齒的駭人經歷便再也不是**她**所遭受過的虐待，而是另一個人名下的生命故事，不再屬於自己這個人格。如此防衛之後，她便可安心否認受虐的事實，把它封鎖起來，忘得一乾二淨，彷彿從未發生一般，因為對她來說，那事確實未曾發生過。然而，對於她的分裂人格而言，那些記憶卻是真實無比的切身

之痛，所思所想自然與主人格大相徑庭。

　　有些分裂人格深深渴望能把自己的故事說給某個善心人士聽，這樣自己便無需背負重擔，得以從過往的折磨和苦痛中解脫出來。但有些分裂人格則並不認同公開秘密，舉個例子，假如虐待她的人在她心目中是權威的象徵，她的一個或多個分裂人格便可能以此人為榜樣，效法他掩蓋秘密的行徑，威脅並懲罰那些想要洩密的人格：「**你敢捅出去，我就宰了你，聽你訴說的人也別想活！**」太多人格分裂的病患兒時都曾聽過這類警告，導致日後相當高的自殺率。然而，自殺的原因卻並不完全是由於抑鬱，有些自殺其實是謀殺，是施虐人格謀害那些聲稱要「說出實情」的兒童人格，避免治療師得知內幕。他們是真的以為可以在不傷及自身的情況下整死其他人格，從而平息風波──他們不知道甚或拒絕接受他們使用的是同一具身體。

　　每個分裂人格都有自己的特殊動機，其中包含的心理需求正是它當初分裂出來的原因，而每個人格的動機也都側面反映出這層需要。在甲人格的記憶中，爺爺活潑大方，好像聖誕老人，而乙人格卻分明記得爺爺是個夜間出沒的獵食者，丙人格則相信自己就是爺爺，還會在心靈的幻想空間中折磨兒童的分裂人格，反覆重演過去的場景。在解離的隔絕封存之下，往事歷久彌新，永不如煙，彷彿仍是眼前正在發生的事；對於分裂人格而言，那還真的就是當下之事。

　　心靈若要明哲保身，維繫正常運作，必須把受虐的記憶支解出去，分散給各個次人格，主人格方可免受記憶之苦。好似拆解一張拼圖，只要不把碎片拼在一起，整體的畫面便無人可知，於是也就不必面對可怕的真相。就這一點而言，看起來的確是出自一片「好意」，否則心靈背負了如此的重擔，日子還如何過得下去？

　　可惜，把記憶解離於意識之外，並不表示往事就此沉寂。恰恰相反，人格分裂症患者唯恐真相暴露於光天化日之下，生怕某段記憶的閃回或是與別人相處的情景會勾起似曾相識之感，掀出各種回憶的畫面，也害怕分裂人格像搞錯了提示而跟蹌登臺的演員一般，在不該上臺時上臺，說出永遠不該說的真相。也就是說，在實際的虐待結束之後，這份深沉的恐懼仍會持久不散。

> ……斷絕關係（亦即解離）不過代表了你想要遺忘的決心而已。被你遺忘之物自然會顯得無比可怕，只因斷絕關係無異於對真理的一種侵犯。你會開始害怕，因為你已經遺忘了。……當你開始接納斷絕關係之物，它就不會顯得那麼可怕了。（T-10. II.1:2~4,6）

　　由此可見，解離的代價就是你永遠沒有機會正視受虐記憶、接納現實，等於傷口上頭永遠卡著彈片，流著膿血。只因記憶四散於意識之外，任你增長多少閱歷與見識，也奈何

不了它天高皇帝遠，兀自在內心的永恆當下不斷翻來覆去地重演。

以分裂人格為鏡，觀照自我意識

　　分裂人格其實可以作為研究自我概念的範本。根據《奇蹟課程》，我們和這些分裂人格並無實質區別，都是從更大的整體、從永恆之心、從一體自性硬生生扯下的碎塊；也和分裂人格一樣，緊抓著自己的獨特性不放。其實，在上主所造的實相中，從來就沒有什麼獨特的生命。

　　分裂人格覺得自己孑然一身，別人全都靠不住，只能自求多福，我們也是如此；分裂人格會與其他人格結成同盟，一邊自保，一邊推展自己的人生計畫，我們也沒有兩樣；分裂人格堅決不願憶起當初導致心靈分裂的巨大創傷，我們也萬萬不願意；分裂人格十分看重自己的獨特氣質與能力，自詡與眾不同，我們也同樣樂此不疲；分裂人格害怕和別的人格結合於更大的整體，唯恐自己消融於眾人之中，我們又何嘗不是如此？

　　我們與分裂人格的唯一區別，就是我們擁有各自的軀體，至少我們是這樣相信的。然而，《奇蹟課程》卻鐵口直斷，說身體和小我一樣虛無，無非是幻相遊戲棋盤上的一枚

棋子，充當小我所扮演的角色罷了，而小我亦只是天人分裂下的一道暗影，從未真正實存過，只在永劫無心妄想的夢境中栩栩如生；就如同我們，對夢境中的一切信以為真，以為自己真有一具實實在在、獨特且獨立的身體，這和分裂人格又有什麼分別呢？

> 這就是你對自己的看法，你把自我分割得支離破碎，相互傾軋，又與上主決裂，全靠那本身乖僻無常的主人（小我）將那些碎片暫時維繫在一起……。（W-95.2:2）

說到底，大多數人今生所遭受的折辱遠不至於嚴重到擊碎心靈、裂解人格的地步，讀到上文極端的解離案例，往往覺得匪夷所思。然而，《課程》卻明白指出，世人如果不是無時無刻在玩弄解離的把戲，否則就不至於執妄為真，認定自己有一個真實的自我正活在一個真實存在的世界中。事實上，沒有一樣是實際存在的，這和人格分裂症有何差別呢？

我這些年治療人格分裂症患者，每每驚詫於他們內心世界的生動逼真。那些分裂人格，對於自己住過的房間、去過的地方，尤其是受辱的處所，仍有身在其境之感，一切睜眼可視，伸手可觸，側耳可聽，俯首可嗅，與常人感知現實世界無異。我曾經在發霉的棚屋、空曠的教堂、墓地等等場域，陪伴在分裂人格左右，伴同著他們在廢棄的房屋（再度）經受強姦與毆打；也曾於鄉間推一個五歲小姑娘盪鞦

轄，後來又跑到崎嶇不平、波浪起伏的海岸安撫她粗暴的哥哥。這些場景並不是在溫馨或戰慄中回想起來的記憶，對於分裂人格而言，那就是現實，比外在世界還真。

* * * * * * * * *

上文提到，導致人格分裂往往是極為罕見的嚴重虐待，那麼，全人類解離至今又是何以致之？究竟是什麼樣的創傷足以把心靈搞得這般四分五裂？

我們大概不記得了。你可知道，小我全部的人生動機就是避免我們憶起心中最深的傷痛，亦即天人分裂。想想看，人世間有什麼比痛失本真、落單無愛、天人永隔、不復圓滿還要可怕？紅塵中的男男女女，都是上主創造的一體心靈分裂解體所化的意識碎片，小我和世界便是這麼來的。大我解離出去的這些碎片與分裂人格一樣，也害怕真相的記憶死灰復燃，彷彿上主的真理境界是它們（或說我們）必須嚴加防範的險惡威脅。

> 防衛措施絕不是無心插柳，在你不知不覺中造出來的。當真相好似威脅到你所執著的信念時，它們就成了你手中揮舞的神秘魔術棒。（W-136.3:1~2）

何為「防衛措施」？凡是我們用來證明自己是獨立個體的理由，全都屬於防衛措施，比如特殊性、慾望，還有愧

疚、羞恥、判斷、攻擊、各種疾病、虛弱，乃至死亡。其中，疾病和死亡是最有信服力的見證，讓人不得不相信自己是朝生暮死的一具肉體凡胎，不知怎麼就產生了自我意識的小小「紅塵泥塑人」。我們以為如此設防便可高枕無憂，一逕保有那個獨立個體。防衛措施的確把一樣東西擋在了外面，那就是心靈整合與自癒的能力。

　　說到究竟，天人分裂要如何修復呢？理論上似乎並不難，只要回心轉意，天人就不會再分裂了！然而，但凡我們對於上主以及真實的一體生命有一絲忌憚，天人和解便不會一帆風順。我們不妨再借用人格分裂的案例來理解人類目前的困境，因為它的病根也一樣是解離，所以治療的方法應該也可資借鑒。

治療之路

　　人格分裂的病患踏入我的診間時，往往並不曉得自己還有其他人格，他們之所以前來求助，純粹是因為自己老是出現同樣的狀況，比如無緣無故陷入嚴重焦慮，頭疼欲裂，或是患上其他慢性疼痛症狀；有的是一眨眼便莫名其妙身處陌生環境，或是十分尷尬可怕的場面，記憶一斷片就是幾小時、幾天，甚至好幾年，不知究竟是怎麼一回事。有人聽到

若干聲音在腦中吵翻天，喋喋不休地催促自己去做一些相互矛盾的事情；有的人心情糟糕透頂，覺得自己一無是處，完全是個廢物，已有輕生的打算。一般而言，大多數案主來就診之前已經自殺過好幾次了，只是初次面診時不說，我通常也不會探問。

經過診斷，案主的症狀全部指向人格分裂；頭疼、焦慮、內在有多個聲音交纏，這些全都是分裂人格互相衝突的典型表現。失憶是由於其他人格活動的記憶與主人格互不相通；至於自殺傾向，則是因為曾經遭受虐待，自慚形穢，以至於自苦自戕的念頭日夜攻心，只是如今不復記憶。

當我說出診斷結果時，很少有病患能泰然處之，難免覺得是自己見不得人的祕辛遭到了曝光，被「揪出了」分裂人格。為此，我向病患以及其他正在聽我說話的分裂人格保證，這個病是可以治癒的，只要他們持續就診，而且其間不自相殘殺就行。我把診療室打造成一個安全的避風港，讓他們不覺得有人在對他們品頭論足（但是會約法三章），無論多麼恐怖、駭人、羞恥的事情，都可以敞開心胸說出來，只要他們肯放心交託，便可暢所欲言。

我自然是想一一會見所有的分裂人格，但是剛開始他們全都噤若寒蟬，在暗處察言觀色，看我是不是想用花言巧語引誘他們出來，然後再加以侮辱玩弄。通常而言，分裂人格每次只出現一兩個，就共同的創傷經驗集體發言，像剝洋蔥

似地一層接一層，先丟出幾個沒那麼嚴重的情節，試試我的
反應；有時也會擊虛避實，免得講出更加嚴重、令自己五內
不安的受虐記憶。

　　只要分裂人格肯「現身」，我就願意與之對話，哪怕他
滿口恐嚇和咒罵也無妨。我毫不偏心，視所有人格為治療過
程中必不可少的助力，一概同等看重，想要傾聽每一位的故
事，只要對方願意講就成。我隨時都在留意躲在暗處屏氣斂
息的其他人格，這樣我才能請他們逐一現身。有些會大辣辣
地露面，有些則會在日記中以不同的字跡留下神秘暗語，宣
示自己的存在。

　　與我座談的分裂人格可謂形形色色，有草木皆兵的偏執
殺手、受到虐待尚不能言語的幼嬰、下作好色的醫生、年紀
輕輕就愛勾勾搭搭的少女、電視名人……，這些全是我診療
室安全空間的座上賓。到了最後，幾乎沒有不願意開口的，
因為他們在內心深處是想要痊癒的，雖然害怕一體，卻又很
渴望回歸。有好幾次，我以為療程已經結束（平均七年之
久），結果卻又冒出一個新的分裂人格，娓娓道出先前秘而
不宣的一段受虐經歷，於是我們又得花上一年以上的時間來
持續治療。

　　一朝被蛇咬，十年怕草繩。分裂人格一開始對於治療往
往疑心很重，但只要肯耐心下功夫，以包容的心加以關愛，
總能令他們漸漸敞開心扉。當他們終於講出自己所受的凌

辱，卻發現（我或其他人格）並未因此而懲罰或羞辱他們，便會慢慢了解，他們這些分裂人格表面上各有各的不同，所遭受的虐待也有不同的性質，但心裡的痛是一樣的，同是天涯淪落人，於是能夠同氣相求，努力從過去解脫。在整個過程中，彼此的差異逐漸變得無關緊要，曾經不惜用折磨手段來執行紀律的迫害型人格，如今願意懷著同理心去面對自己懲罰過的兒童型人格，分擔彼此的痛苦。而痛苦一分擔出去，便會開始治癒復元，由日漸滋長的情誼取代以往的衝突，把各個人格團結在一塊。

治療人格分裂的最終目標就是整合，讓每一個人格願意放下自己在恐懼與痛苦中編造出的身分，進而與其他的人格融為一體。說起來，我的診療室仿如一個煉丹爐，分裂人格在裡面修煉功夫，認清彼此其實不僅是至親好友，更是同一心靈的群像。大家講出令彼此生出隔閡與恐懼的痛苦回憶之後，很快會油然生出同理心，甚至慈悲為懷，共同分擔，不再需要用解離手段隔絕往來，這時分裂人格便可融合為一，像百川匯流一般結合為統一的人格。這個人格包含各方的特質與能力，卻又大於部分的總和。

不過，整合與否，全繫於這些人格最後如何選擇；並非所有人格都願意整合，雖然明明都在同一心靈當中，彼此想要獨立的排斥力道卻強勁得很。幸好，即使他們最後選擇獨立，當初造成楚河漢界、令各方矛盾不斷的創傷已然不復存

在，這些人格可以毫無芥蒂地互相關愛，齊心協力，各展所長，共同應對人生的挑戰，以一種相對整合的方式來活出幸福完滿的人生。

治癒分裂之苦，憶起永恆之心

假如《課程》所言不虛，心靈與自性真的已經四分五裂，娑婆世界便可看成一場大規模的人格分裂，七十多億分裂人格各自奔波勞碌，在相互協調與競爭之中謀求生存與繁榮。那麼，我們到底要如何才能認出彼此的同一性，從而團結一心呢？數十億個「分裂人格」各有各的身體，如何才能療癒整合呢？

參照人格分裂的治療方案，具備足夠廣度與力度將數十億人團結起來的唯一治療目標，就是讓所有人憶起：大家都是永恆之心當中的一份子，只不過如今一起困在同一場夢魘裡。唯有圓滿一刻足以使人認清這一真相，並且發心醒轉。只可惜這類經驗畢竟轉瞬即逝，唯有等信賴加深、心態趨穩，才會變得愈加平順而可為。

失落上主合一之境的並非少數人群，也不局限於某個國家、種族、宗教或社會階層，眾生同是天涯淪落人，做了永劫無心的俘虜，在小我的詛咒下苟延殘喘，把它營造的自我

當作偶像屈膝膜拜。說穿了，我們都是天人兩隔以後裂解形成的分裂人格，如今若要療癒，必須認清這個事實，不再著眼於人與人表面上的差異，喚醒共通的本性，縱然一時難以放下怨尤與個體性，也絕不輕言放棄，而是發心自反，盡量調整自己待人接物的思維，放下心中那些滿是破綻的判斷，把自身所學真正活用起來。

上述這個過程，《奇蹟課程》稱為**寬恕**，以之為聖靈覺醒計畫的基石（本系列後續書籍會詳述寬恕之道）。人心難免放不下自己和別人的過失，神智因而受到蒙蔽，看不到彼此的神聖本性，所以才無法愛鄰如己。為此，寬恕教人把眼光超越往昔種種，學習放下怨尤，進而啟動療癒，這是一切修持的根本。

然而，正如分裂人格無法自癒，我們的分裂意識也必須仰賴外援才能修復，需要一位能以平等心看待眾生、循循善誘的「治療師」。這位治療師必須來自分裂幻境與肉身幻影之外，能夠堅定不移地站在真理的一邊，同時又能深入世人自認為處身其中的分裂妄境，在裡面分別根據數十億人格的具體需求對症下藥，並且不作分別取捨，無論達官顯貴還是凡夫俗子，都視為治療過程不可或缺的一份子。他還必須仔細不去激發人心中的恐懼，但也絕不讓人逃避該修的課程，確保我們恢復有關集體身分的記憶，領悟「鄰我不二」的道理，認清無論在何種情境、對方如何表現，惟有以愛回應才

是適當之舉，其他心態只會延續分裂幻相，助長人心保持解離的執念。

　　根據《奇蹟課程》的說法，這位大治療師就是聖靈，祂唯真理與一體馬首是瞻，以此重新詮釋知見世界，乃是祂唯一的目標，《課程》將這個過程稱為**救恩**（亦可說是救贖）。

> 救恩必須把那相信個別想法與個別身體的瘋狂信念
> 扭轉過來，因那信念衍生出各自分道揚鑣的分裂人
> 生。（W-100.1:2）

＊ ＊ ＊ ＊ ＊ ＊ ＊ ＊ ＊

　　只要你肯將問題和衝突帶到聖靈面前，無論多麼難解，祂都有本事幫你找到新的切入點。因為問題再怎麼千變萬化，本質上無非就是分裂所產生的後遺症（好比人格分裂者的頭疼、失憶、自殺傾向，都是內心解離後引發的病症），如此觀照，問題自會迎刃而解。這麼說，好似過於一概而論，但一切問題的根源確實出於虛幻的自我意識以及由此衍生的世界。幸好，在聖靈視角的加持下，你我會認清其中的虛無，明白那只是幻覺而已。這一悟，必會令幻覺退散，彷彿令人毛骨悚然的午夜魅影，一見陽光便化為烏有。在聖靈平等心的光照與循循善誘下，解體的重新統整，各自為政的也融合為一。

但是，聖靈必須受到你我的重用，才能一展身手。全世界最好的心理治療師，也要等人格分裂症患者自知應付不來，主動上門，才能加以治療。病患還得願意聽話，不能不懂裝懂，班門弄斧，逕自決定哪些指示應該照辦、哪些可以無視。總之，是否能夠治癒，最後全繫於病患究竟是接受治療師的整體觀，還是因為害怕融入統一的自我而拒絕整合。

現在，你必須在你的真我與幻我之間作選擇了。
你不可能同時擁有兩者，只能選擇其一。（T-22.
II.6:6~7）

＊　＊　＊　＊　＊　＊　＊　＊　＊

人因為擁有「自由意志」，可以拒絕聖靈的協助，繼續作為一個分裂的生命活在整體之外。所幸，聖靈是一位無比耐心的大治療師，永遠不會因為我們原地踏步便感到洩氣，或是從此棄人於不顧。《課程》說，聖靈立於時間的終點，已經看過整場電影，深曉故事的結局以及你我的真實身分。祂知道，當治療完成，再也沒有任何東西橫梗在人我之間造成分化時，我們就會恢復一體正念。即便中途心生倦怠，諱疾忌醫，遲早也會重返正途，哪怕一等就是幾生幾世，祂也會耐心守候，等待我們接受召喚為止。

心靈整合

　　前文提到，診治人格分裂的終極目標就是整合分裂人格，讓它們心甘情願放下獨立身分，融合為一。原先腦中不斷重播的昔日舊傷已經證明是虛幻的，在很早之前便已落幕，沒有什麼可怕的，也不會再傷害自己了——除非分裂人格寧願解離，讓往事常保鮮活。然而，如今它們已經沒有劃分濁涇清渭的興趣了。

　　為此，分裂人格不必再費盡心力保持獨立，彼此間的界線開始模糊和淡化。縱使各個人格依舊看重自己對於整體的獨特貢獻，它們也愈發認清，自己必須捨棄獨立的身分，方能服務於共同的結合使命，恢復完整。

> 因為每個部分都指向同一目標，彼此怎麼可能衝
> 突？還有哪一部分會落單？或是某一部分變得比其
> 他部分更為重要？（W-318.1:2~3）

　　試問，地球上逐日增長的數十億人「治療」到最後，究竟能治出什麼療效？首先要聲明，我們要醫治的不是身體。身體就如同分裂人格心目中的自我形象，只是一種妄想而已，談何統整與合一？真正的結合只可能發生於心靈層次。那麼，融合到一起，是否表示我們就能接收別人的意念，別人也能讀取我們的心意（千萬不要！）？事實並非如此，因為個人的念頭通常是永劫無心所孳生，乃是分裂狀態下產生

的虛幻之物，並不能與人共享。在永恆之心的層次，這些念頭壓根兒就不存在。（話雖如此，心靈有時的確足以感應他人的念頭，尤其是親近之人。世人將它打上「通靈」的標籤，其實它只是淺嘗一體心靈所得的一點滋味而已）

　　究竟而言，整合狀態已屬言語道斷之境，一心維護獨立的分裂個體透過文字描述是無法領會其中真味的，至多只能在圓滿時刻裡捕捉浮光掠影。雖然如此，你可能還是會問：「在意識超越身體之際，其他人在我們的覺識中會呈現何種樣貌？在一體的意識狀態下，彼此仍然是獨立的生命體嗎？」

　　祂（上主）生命的每一部分都鑲在完美聖潔的框架上；祂的愛如此空靈又圓滿，一心只願釋放自己眼中所見的一切，將他們吸引到自己內。愛的光輝能穿透它眼前的每一具身體，越過身體而朝光明望去，把身體所有的黑暗都帶入光明之中。（T-25.I.4:3~4）

　　在圓滿一刻的朗朗光照下，肉眼或許依然「看得到」身體，心靈卻不會當真，深知那僅僅是小我在知見遊樂世界佈置的一道幻景，身體背後的意識之光方屬不虛，在各人心頭熠熠生輝，普天同享。我們眼中所見唯有此景，只因唯有此景為真，其餘皆入不了一體慧見的法眼。

　　我在第三章提過，這種境界就是《奇蹟課程》所謂的「真實世界」。談到這裡，想必你已了解，服用迷幻藥之類操控知見的途徑並不足以讓你抵達真實世界。你的自我必須重組歸一，你與弟兄鄰人也必須整合併入一切生靈共同的終極身分，方才得以臻至真實世界。

> 你若想知道自己的真相，必須只把弟兄的真相當真。如果你之所見並非真正的他，這一錯認會使你也無法得知自己的真相。隨時記住，你們共享同一個終極的身分，而它的共享性正是它的真相。（T-9.IV.1:4~6）

> 天父，祢只有一位聖子。我今天要仰望的也只有這一位。他是祢唯一的造化。為什麼我老是著眼於千百個化身？他們其實是同一個生命。為什麼我要給他們千百個名字？一個名字已經綽綽有餘。……願我不再把他看成天父的陌路，也不看成我的陌路。他是我的一部分，我也是他的一部分，而我們都是祢的一部分，因祢是我們的生命源頭，我們永遠結合在祢的聖愛內，永遠是祢的神聖之子。（W-262.1:1~5,7~8）

> 因此，你究竟想要看見他的身體還是他的神聖性？你選擇什麼，就會看到什麼。（T-24.VI.7:1）

第一章提出兩個大哉問：「妳是我母親嗎？」「你是我的真實自性嗎？」阿波羅神廟上的德爾菲神諭也說要「認識自己」，凡此，不禁引人思考：究竟如何自悟？一路讀到現在，這些大哉問終於有解了：無論是對於往昔種種悲喜的執著眷戀，還是身體和生理方面的需求、念茲在茲的價值與角色，乃至最要命的自覺特殊的分別心，只要把自我概念的虛假成分交給聖靈重新詮釋，我們便會明白，自己根本不需要這些，沒什麼好戀戀不捨的。若是被這些東西迷了心智，只會失落整體性的慧見和覺悟幸福的慧心；這樣的代價絕非分裂世界所能補償萬一的。

凝聚力

何等力量足以恢復眾生一體同心的連結？幻相時空的玩意兒自是無此神力，那必是某種方外之物，某種來自生命稟性、源於內在的東西。

《課程》說，把眾生結合於愛的力量就是愛，因為我們的本來面目是愛，骨子裡的真性也是愛，一如上主是愛，此外無他。常言道，神照自身肖像造了人類——「愛把我創造得猶如它自身一樣」（W-67）、「創造我的聖愛，才是我的真相」（W-229）。愛的課題是本系列書籍的重頭戲，如今

既然談到愛與整體性的關係，容我在此先行借花獻佛一番：

> 它（愛）自成一體，因此，萬物在它眼中自然也成
> 了一個。它的意義就存於這一體性內。凡是視愛為
> 偏私或局部的心靈，必然不識愛的廬山真面目。除
> 了上主的愛以外，沒有其他的愛存在，一切愛都在
> 祂的愛內。即使在無愛之處，愛的法則依舊運作其
> 間。愛是唯一的法則，它沒有對立。它的整體性乃
> 是維繫萬物一體的力量……。（W-127.3:2~8）

心中有愛，才會想要寬恕，進而超越分裂所造成的種種
創痛，重新整合。不願寬恕，則表示心靈不甘捨棄特殊性，
不願與其他心靈結合。其實，所謂結合，所謂回歸真愛，不
過是憶起過去如是、未來亦如是的境界而已。

> 只有寬恕消除得了橫梗在你與弟兄之間的障礙。它
> 道出了你其實想和他結合而不願分離的希望。（T-
> 26.VII.9:1~2）

> 每一個人都和你一樣在尋找愛，除非他與你一起追
> 尋，他是不可能認出愛的。只要你們攜手前進，燦
> 爛的光明必會與你同行，令你所見的一切頓時充滿
> 了意義。（T-14.X.10:5~6）

當我們在愛中與「鄰人」結合，以愛的眼光唯自性是
瞻，著眼於對方不折不扣的本來面目時，「解離性身分認同

障礙」這個世界性的難題也就療癒了。當我們像上主一樣愛
人，既不設條件，亦不在外表、性格、環境上分別取捨，永
劫無心裂解出來的個我便會和衷同德，重聚為永恆之心，與
上主天心互通聲息。

* * * * * * * * *

《奇蹟課程》的〈練習手冊〉只有一課在課文中反覆重
現它的標題：「我仍是上主所創造的我。」（W-94）《課程》
說，我們若是活出這種境界而不生退轉之心，登時便能回歸
上主與一體生命的懷抱，而且會帶著貌似分裂的一切眾生共
同成道。可以說，「我仍是上主所創造的我」乃是整部課程
的終極教學目標。我們的本來面目始終如一，在夢裡雖然千
變萬化，好在不過虛驚一場。終究，我們仍是上主當初創造
的模樣：同心同體，胸懷大愛，百世不滅。種種追尋，不外
騎驢覓驢，所尋的真相始終都在我們裡面。

> 上主早已把我創造成我夢寐以求的模樣。我本身即
> 是世界所追尋的那個目標。我是上主之子，祂唯一
> 而永恆的愛。（W-318.1:5~7）

破碎的寶石

最後，我要再用一個比喻來闡釋分裂自我的本質。不過，與其說它是比喻，不如說它是一則簡單明白的寓言，還來得更貼切。

此刻，想像有一顆寶石，譬如鑽石，光華四射，璀璨無瑕，無限廣大，空間大小的概念對它完全不適用。寶鑽充滿生機，飽含大愛，內中的靈明不亞於一切萬有的本體，覺性之光由內而外閃耀，透過無數切面向四面八方輻射燦爛的光澤，光明寶相無遠弗屆，萬古不易。

現在想像一下，不可能的事情發生了。那顆圓滿不朽的寶鑽陷入了一場噩夢，見到自己慘遭粉碎，化為千百億碎片，散逸於四合八方。

寶鑽原本有意識，因此每一碎片也殘存著意識。如今，每顆微小碎片相信自己成為獨立個體，有了與其他碎片不同的「自我」，視自己為獨一無二的完整個體。濃重的失憶陰雲籠罩於碎片的意識之上，阻絕了它們對於宏偉寶鑽的記憶，故而忘記了自己的出身。

寶鑽的碎片很快開始互相品頭論足。有的碎片外形討喜，有的歪瓜裂棗；有的個頭比其他的大上一圈，有的小到幾乎無形；有的像是受了刀劈斧鑿，有的飽滿圓潤，近乎

完美。然而，無論碎鑽有何等外觀，也無論它們如何評斷自身及他者，這些碎片的內心深處都有十分沉痛的失落感，深知自己已是殘缺之身。當然，這種想法是不能公諸於眾的，它們相信其他碎片都過得充實圓滿，自己也只好跟著裝模作樣，許多碎片甚至慶幸自己至少不像某些可悲殘片碎得那般嚴重。但是，每一顆碎鑽的內心深處都知道，自己的生命不該如此卑微，一定有更遠大的使命在召喚自己。

為此，每顆碎片都踏上了尋回圓滿的旅程，前往不同地區，渴望遇見與自身形貌殊異的碎片，努力學習養生，塑造強壯有力、光彩照人的形象，聆聽有關一體生命的故事，參加那些許以真道、教人回歸寶鑽本性的團體。最要緊的，還是和其他碎片維繫良好關係，尤其是要找到某一片與自身裂痕剛好面面吻合的特別碎鑽，兩相璧合，永結同心，這一生便圓滿了。

但是，這條人生道路偏偏有種說不出來的古怪。每顆碎片尋找圓滿，出發點都相信自己是獨立個體，而眾生形貌不一，即表示本性各異。這種思維恰好讓它無法理解整體性的實質，所以只會專往找不到一體的地方去尋，誤將新鮮別樣的分裂狀態當作一體。

在此同時，其實還有另一條路，一條走得通的路。這些碎片只需重新覺醒於自己的寶鑽本質，**並且**在其他所有碎片上認出同樣的稟性，彼此的表面差異和分裂就會變得無足輕

重，每一碎片都是千古常明的永恆寶鑽，本性絕不會因外在的碎裂而改變，永遠都是純粹的寶鑽，始終如一。

這些碎片最後能夠覺醒於真實的寶鑽本性嗎？它們願意放棄無果的追尋，不再於形態支離破碎、外表千差萬別的世界求取圓滿嗎？它們能否證悟：自己與原本那顆璀璨無瑕的寶鑽本是一體？它們能否在自身之內尋見寶鑽之光，並且在其他所有的碎片上目睹同樣的光輝？它們能不能認出，看似各異的千百億碎片，其實都是純粹的寶鑽？它們可願走上重新融合的唯一途徑，一同結合於寶光中？還是說，它們寧願抓著獨特身分不放？

整體觀所帶來的效益，是碎片個體乃至碎片的合體都望塵莫及的。正如全部碎鑽堆砌不出一整顆完整的寶鑽；同理，只能見到碎片的眼裡也看不到全面的平安。所有碎片唯有捨棄特立獨行的虛榮心，甘願放下迥異於人的外在面貌以及自以為存在的「個體性」。最關鍵的是，還要捨得放下各種自我概念，才能融入原始寶鑽的光明，回到平安，萬物方可真正安平。

碎片真能如此照辦，回歸一體與平安嗎？其實，碎片從未離散，因為寶鑽根本沒碎。還記得嗎？那一整顆寶鑽是不會也不曾毀傷生變的，只是作了一場夢，所需唯有覺醒。他們願意醒轉嗎？

這要你來告訴我,而選擇權在你。

* * * * * * * * *

聖靈的任務就是重新整合上主之子的破碎畫像。再把已經療癒的神聖畫像顯示給其他仍把碎片當成自己的人。聖靈會向每個人顯示那才是他的真實身分,他絕非自己心目中的那個碎片。……每一碎片呈現出什麼外形並不重要。因那一完整本體存於每一部分之內。上主之子的每一部分與其他部分毫無不同之處。(T-28.IV.8:1~3;9:5~7)

我們是一個生命,因為每一部分都含有祢的記憶,真理之光必會照亮我們這個一體生命。(W-243.2:3)

練 習

本章的練習十分簡短有力,隨時隨地都可以操練,甚至從此刻起,操練上一輩子都成。

如今,你已明白,個體之我其實是宏偉生命的一個人格面向,或說是其中的一個小小片段,你所見所遇之人都屬於同一個整體。為此,你該盡量著眼於此,無論身在何方,與

何人相處，在汽車、酒吧、感恩節晚宴、會議、擁擠的城市街道也好，與家人看電視也罷，都應讓眼光越過身體、面孔、人格，直抵內在的一體之光。

倘若發覺自己又再度著眼於分裂的毛病，內心受到分別評判之念的侵擾，請立即提醒自己，肉眼所見無非罩在一體生命上的一層印象，你寧願看破表面，認出底下的生命就是你的鄰人，與你無二無別，都是自性整體中剝離出來的人格，由同一顆寶鑽分裂而出的碎片；如此而已。然後，懷著這份洞見，試著尋找連結彼此的紐帶。這紐帶絕非世俗所在意的共同好惡、出身、工作或學校等等，你要尋找的是把你們結合於真相之物。

那也許是你透過形體瞥見的閃爍光輝，也許是愛的自然流露，你或他人的一個微笑，一次輕撫，一份善舉。具體形式無足輕重，反正每個人都在愛的溫柔祝福中連繫在一起，這份愛就是一切。請務必謹記在心！

第 6 章

整體性的運作：
奇蹟原是最自然不過的事

　　話說當年，「解離性身分認同障礙」剛剛為學界所認知，開始列為專項精神疾病來收治病患。臨床醫生預計，童年創傷一經化解，絕大多數病患的人格就會自行統一，完成最後階段的治療，所有分裂人格會高高興興地放下身分的界線，跟其他人格整合為同一個自我。遺憾的是，人算不如天算，我診治的病患最後大多是放不下分裂人格，他們覺得既然已經在治療過程中學會與自己的倒影相知相惜，不就等於在愛自己嗎？何苦再繼續折騰？

　　所以，分裂人格寧願不整合，繼續保持楚河漢界，只不過如今已經不必各自為政。縱使彼此的人生視角各自歧異，亦可善加利用，互相幫襯，而犯不著再暗中算計、爾虞我

詐。有些人格會另取新名,藉以昭示自身蛻變,其餘則保留痛苦恥辱的舊名,作為克服磨難的證明。總而言之,過去之所以解離,是被陰魂不散的恐怖記憶給硬生生撕扯開裂的,如今則是出於自主的選擇。

分裂人格已經懂得自愛而愛人,而愛是最有凝聚力的東西,即使彼此稱謂各異,亦能團結一心,不再受人格分裂的後遺症所苦,自相矛盾的內在聲音從此止息,令人難堪的間歇性失憶和受辱記憶閃回之情狀亦不復上演,一死了之或殺人洩憤的絕望情緒也不再盤踞心頭。患者如今無病一身輕,簡直作夢也想不到自己能有今日之幸。說是奇蹟,真的毫不為過。

只要盡量捨棄虛幻分裂的小我,重新和永志一心的一體生命聯手,能做到幾分便是幾分,日子定然好過許多,最後這一章便來為各位詳細解析箇中的原委。你會看到,「奇蹟原是最自然不過的事」(T-1.I.6:1)——只要盡力而為,便能親身見證,怎麼樣都比小我的陰謀算計牢靠多了。

你能嚐到哪些甜頭?

首先簡略回顧一下本書的論證邏輯。第一章點出,人類打造自我,結果反被篡位,搞得自己妾身未明;但是說到

底，那所謂的自我只是個永劫無心的玩意，《奇蹟課程》稱之為**小我**。這套自我概念純屬虛構，與真實的自性或說「永恆之心」不可相提並論，更不會凌駕於心靈之上。但不可諱言，小我確實極度擅長冒充心靈的本尊。

第一章的結論是，無論面對何種問題與情境，擺在面前的選擇其實都只有一個：究竟是要因循舊習，仰賴永劫無心，還是決心「活在世界，卻不屬於世界」，活出永志一心的境界？我拿電腦作比喻，說人心有兩套相互牴觸的操作系統，運算出來的人生答案有著天淵之別。一號系統保證你在任何情境都能享有無上平安，只不過平安降臨的形式未必如你想像；二號系統則為你設計出一條永無止境的探索旅程，保證你愈走愈迷糊，永遠尋不見自己的本性，最後死在半途。破解這局死棋的關鍵，就是要認清，這兩套系統不能同時運行。如果你覺得自己一直並行無礙，聽我一句，你運行的必是二號系統；同理，只有一號系統開解得了你的人生難題，因為那些麻煩全是二號系統在**背後搞的鬼**。

> 毫無意義的問題，是無法在問題所在的框架下解決的。你解決不了兩個自我之間的衝突，也無法讓善與惡和平共存。你所營造的自我絕不可能成為你的自性，而你的自性也不可能分裂為二後，還能保持它本來如是且永遠不變的本質。心靈與身體是不可能並存的。不要企圖去協調兩者，因其中一個否定了另一個的真實性。（W-96.3:1~5）

可還記得，《課程》早就一語道破，小我最殘酷無情的座右銘是：「去找，但不要找到。」（T-12.IV.1:4）它本是殘缺之身，總想給自己找些東西來填補，這倒也情非得已，但不管怎麼追尋，肯定是補足不了任何缺憾的。小我就像一家生意紅火的餐廳，世界各地的風味應有盡有，而你就好似一個飢腸轆轆的食客，急著在有限的預約時間內吃他個酒醉飯飽，一頓狼吞虎嚥，嘴巴分秒沒個停，結果撐得肚皮鼓脹不已；吃得倒是挺香，卻招架不住永不饜足的慾望，結賬時依然飢火中燒。

第二章探討了永劫無心如何利用知見營造出一個看似客觀且真實的身外世界，讓人見不到一絲自性的蹤影，徹底迷失本真。這世界以過去為素材編織而成，然而逝者已矣，甚至可說是從未存在過。你若信以為實，便會覺得小我的判斷的確有理有據，心悅誠服踏入世界和小我的牢籠，從此再也掙脫不了往昔的沉重枷鎖，更閃躲不開由此投射而成的可怕未來。無論如何拼力招架，內心深處也始終隱隱覺得早晚飛來橫禍，除了逆來順受，別無他法。

即便幸福偶有垂青之時，卻也總是稍縱即逝，你幾經起伏，心也涼了。其實，縱使幸福真能持續個一時半刻，永劫無心也沒能好好安享，只得像好動的孩童一樣在遊樂場裡奔前跑後，四處尋找新的刺激，希望那樣一來，就能不斷找到新的樂趣。然而，永劫無心根本靜不下來，嘴上說要平安，

暗地裡卻拼命製造衝突來維持活力。

行文至第三章，我們舉了若干圓滿一刻的實例，描寫永恆之心嶄露頭角的情狀。那感覺好似烏雲密布的天空突然打開了一個缺口，露出澄澈的藍天，令人心曠神怡。如此完滿的時刻固然並不多見，但是我們看到，縱使永恆之心翩若驚鴻，亦足以改變人的一生。也可能，那一刻來無影、去無蹤，只留下一句感歎：「真好！行了，晚上吃啥？」無論結果如何，有一點是確定的，那就是圓滿一刻不能人為製造，就算服用迷幻藥，所開啟的幻遊之旅也未必盡如人意，發生與否全憑機緣，壓根兒不可預測，在那些機緣背後導引孕育的無窮智慧，更非人類有限的心智所能及。

第四章探究了人類成群結隊的天性，並且提出了一個問題：個體身處團體的感受，和團體本身的存在經驗，究竟哪個更接近真實自性的滋味？我們最後還點出，任何團體都有一個核心問題，就是它們據以立足的宗旨缺乏絕對真理和永恆之心的博愛胸襟。第五章從三個比喻切入，道出人類如何罔顧《奇蹟課程》所闡釋的實相，明明是來自上主的一體生命，卻聲稱自己是獨一無二的分立個體，還把自己哄騙得深信不疑。

說來說去，始終繞不開一個問題：為什麼非要從二號系統切換到一號系統不可？永劫無心雖不怎麼可靠，但我們總算還摸得清它的底細，不像永恆之心，既模糊又抽象，難以

捉摸，感覺一點都不可靠，何必冒著失去自我的風險去追求這麼個玩意呢？誠然，人的自我好似一個分裂出來的人格，但是，捨棄自己的人格，跑去跟別人結合為一，又有什麼好處？我們又不是開悟大師，都是活在小我層次的凡夫俗子，跑去追求那麼高遠的東西，對**我自己**究竟有何好處？

好處當然就是長久的平安與幸福，我想大多數人都會認可這樣的目標，只是難以想像，自己如何在上班、接送孩子、奉養年邁父母期間還能夠全程保持平和，甚至洋溢著喜悅的心情？這種亢奮狀態大概只在電視的藥品廣告才能見到。這樣吧，我們換一個更實際的答覆。「做這件事有何甜頭？」甜頭就是：你會體驗奇蹟。只要你一有機會便讓一號系統代替二號系統上陣，將永恆之心請進你的生活，日子便會不知不覺順遂起來。

這並不表示你原本的難題會像變戲法一樣憑空消失，我絕非此意，只是想說，當你選擇用聖靈的眼光看待問題，你會發現所有問題都是同一回事——因為源頭是一樣的，都是個體意識分裂所造成的後遺症。只要讓聖靈修復事事著眼於分裂的認知習慣，麻煩自然迎刃而解，而且那個過程往往出人所料，絕非自力所能籌謀而得。

不過，在深究奇蹟的本質和它的發生機制以前，我們最好先認識一下奇蹟的死對頭，也就是小我的二號操作系統，認清它在知見的狹隘世界內是如何運作的。畢竟大多數人都

是靠這套系統活到現在，故也必須徹底認清它的確行不通，才會想要改弦更張，接納永志一心所帶來的奇蹟。

翻山越嶺的嚮導

你是一位來自遠方的旅行者，正要翻山越嶺，前往聖城。在第一座山腳下，有位英俊迷人的青年向你含笑走來，主動要當你的嚮導，說自己輕車熟路，從小就經常跟父親一起跋山涉水，他父親也是導遊，爺爺也一樣。他還定期與其他嚮導交換資訊，熟稔天氣與風雪。你心想：「真幸運，找到這麼出色的導遊！」於是當場僱用，隨他踏上旅程。

起初簡直健步如飛。雖然攀登得有些辛苦，但一回頭便是疊煙架翠，令你忍不住加快腳程，感覺肯定會提前到達。嘿嘿，誰讓自己選了這麼好的嚮導呢！

當你走入第一座山峰的陰面，寒氣變得陣陣逼人。臨到十字路口，道路分叉出多條路徑。你看向導遊，他原本面露遲疑，一察覺到你的目光，立刻咧嘴而笑，雄赳赳氣昂昂走上了右邊的小路，拍胸脯保證道：「這條是捷徑。」

小路陡峭上行，蜿蜒曲折，愈走愈窄，一邊是高峻的岩壁，另一邊則是萬丈深淵。你小心翼翼，而嚮導卻昂首闊

步，你請他慢一點，他照辦了。接著來到一個大彎道，前面的路被一堆巨石堵住了。嚮導罵道：「這週發生雪崩，竟然沒人知會一聲！」你心裡犯嘀咕：岩石上明明覆著一層苔蘚，顯然不是最近雪崩的，再說，周圍也沒有任何灰塵、石屑或石塊。不過說什麼都沒用了，反正都得折返十字路口，換條路走。

　　你循原路返回，見十字路口現於眼前，總算鬆了口氣。嚮導前後考察一番，說改走另一條路能到終點，只是有些繞路。你提議先在這裡紮營，免得夜幕降臨時困在山裡，而且在十字路口還有機會和其他旅人交換情報，說不定有人知道橫穿的路線。嚮導聞之，搖頭一笑，打包票說，只要現在出發，天沒黑就能走完山路，說著便兀自動身踏上了最左面的那條路。

　　山路倒是平坦，暢行無阻，遠處的崇山峻嶺也頗令人歎為觀止，只不過，這條路從不爬坡，只在同一個高度繞來繞去。你問嚮導是不是不對勁，他成竹在胸，說你們馬上就會來到一處寬闊的山谷，然後便可借道橫穿群山，一路無驚無險，只不過還要再走上十公里，也許更久些，他一時也說不準，再說，這條路他不常來，以前走另一條路就成，根本無須考慮這一條。

　　你步履不停，遊山玩水的興致逐漸低落下去，代之以節節攀升的焦躁。太陽已有西沉之象，眼前卻仍未見到山谷和

通道，橫穿群山更是遙遙無期。暮色降臨，群山反而漸行漸遠，海拔也有逐漸降低之勢。原來，道路不僅沒有爬升，還在下行，讓你離目標愈來愈**遠**！你質問嚮導，他垂頭喪氣，直言自己也摸不著頭腦，卻不肯道歉，還建議你繼續前進。

你拒絕了，打算好好想想。這位老兄看來是靠不住了，但是你也無法獨自一人在這荒郊野嶺中尋路。你承認，自己迷路了，但是眼下無人可以求助，只能同意再往前走上一段看看。

終於，天色昏暗，再也望不見前路。你紮營歇腳，第二日天一亮便又起身上路，幾個小時過後，依然不見山谷的蹤影。你跟嚮導說要回城休憩，其實是想把他換掉。他說：「行啊，你回去吧。」他還要繼續前進，直到尋見那條橫越群山的通道為止。你讓他退款，退一部分也行。他說你太不講理了，現在走了這麼遠，要放棄的人是你自己，可不是他的問題。你萬分不甘心，但也只好獨自跋涉，回到一開始的十字路口。

這其實算是最圓滿的結局。在其他故事版本中，嚮導帶你一條路走到黑，糧盡援絕；不然便是你自始至終從未質疑他的能力，跟著他在山裡兜圈子，虛擲數年光陰；或者他陪你上到半山腰便棄你於不顧；抑或是在月黑風高的夜晚領著你直直落下懸崖。總之，無一條路能得善終，因為你那位嚮導根本不認得路，和你一樣迷糊，還失心瘋，異想天開以為

自己是輕車熟路的嚮導，其實他以前半步也未曾踏出自己居住的小村莊。你卻把命交給這麼一位壓根兒沒譜的嚮導，實在失策。

小我就是這麼一位嚮導。可惜，和故事情節不一樣的是，你始終捨不得小我，心甘情願跟著它上刀山下火海，每次都指望能靠它找到那條穿越山嶺的隱秘通道，直達夢寐以求的終點。你以為自己只要選對了路，終點便萬無一失。其實你真正該換的不是路，而是帶路的人。

有些警世故事也闡釋了同樣的道理。民謠歌手皮特‧西格（Pete Seeger）1967年有首歌，《齊腰深陷大泥潭》（*Waist Deep in the Big Muddy*），講述一個陸戰排在路易桑那州演習的故事。上尉堅持要帶隊橫渡一條危險的河流，就是曲名中的那個「大泥潭」。他深信行動萬無一失，因為他曾經親自在上游一英里處過河。然而，當大夥過河時，水位由膝蓋漫過腰身直到脖頸，中士焦慮不已，再三警告，上尉依然前進，終於被湍急的水流衝倒，淹死在河裡。中士立刻下令折返，部隊才逃過一劫，但也只是死裡逃生罷了。正如歌曲所唱：「大傻子帶頭，往前衝；大泥潭逃生，不輕鬆。」

問題出在哪裡？上尉有所不知，在他先前橫渡處和此次渡河處之間，近日有條支流匯入了大江，導致水位提高，水勢更強，自是與他記憶不同，無奈他非要意氣用事不可。

　　小我和歌曲裡的上尉一樣，心高氣傲，冥頑不靈，一旦選定路徑，哪怕走錯路的證據堆積如山，它也視而不見，貫徹到底。上尉何以罔顧不斷加深的江水？他枉死的原因為何？是他冥頑不靈的腦子害的嗎？也許是目空一切的傲慢態度？還是某種深層人格缺陷惹的禍？如果把他的行為歸咎於以上原因，恐怕就忽略了他真正的死因。他不是毀於頑固，而是死於自以為是。可以推測，他上次渡江應該就在不久之前，然而，過去的經驗與現實情況不符，應當如何權衡？他選擇仰賴過去，小我總是認定以往的經驗是萬能的，但他的經驗若真的可靠，應該能平安渡河才是。明明有愈來愈多不利的證據出現，他依然固執己見，這一錯便是一命嗚呼。

因　果

　　小我自有一套因果法則：過去的行為導致現在的行為，進而觸發未來的某個事件，然後又造成另外的行為——整個過程就像撞球一樣，沿著整齊的線性軌跡撞來撞去。這套因果觀念背後暗含了三個重要假設：其一，行為像一顆顆撞球一樣，是相互獨立的，各有各的起點和終點，了了分明；其二，事件本身客觀存在於外部世界，不受觀察者的主觀意識左右；其三，行為沿著線性時間相繼展開，過去驅動現在，現在誕育未來，行為與行為之間因果相循，沒有前一個行

為，後一個行為也無從發生，因此是第一個行為**導致**了第二個行為；有前因才有後果，因一定先於果。

　　問題在於，任何果都是由多個因牽動作用而成的。假如你下班路上發生車禍，是怪別的大頭司機搶了你的車道，還是你心情鬱抑，導致開車不專心？又或者是因為老闆要你加班趕報告，害你恰好在這個時間點出現於粗心司機衝過中線的路段？以上理由，全都言之有理。

　　若是深究下去，我們要問：那位司機何以如此粗心大意？他行車飄忽的原因為何？下班後多喝了一杯？擔心不能及時出現在女兒的壘球比賽？還是開車時正沉浸於喜愛的歌曲？若是想要找出「真正的」原因，我們又得問：是誰給介紹了這首歌的？是誰把他引上喝酒這條路的？是誰讓他女兒參與壘球運動的？以此類推，邏輯上可否說，他若沒有這個女兒，今天便不會出車禍，全是**他女兒**的錯？

　　看到沒有？小我的因果觀念兜來轉去，一發便不可收拾──準確來說，是以螺旋向外擴展，不斷轉出新的可能性，為發生的事件開啟無限的新「肇因」。難怪因果律特別不牢靠（就像知見一樣，這應該挺明顯的），讓人永遠無法了知任何事情的「真正」起因──而這正是有限的知見能力所決定的。我們在第二章已經談過，小我完全沒有理解全局的本領。

　　從「解離性人格認知障礙」的治療過程也可見到同樣的
現象。分裂人格都覺得自己真實、特別且獨立於其他人格，
但治療師絕不能被這類妄想拖下水，否則病就治不好了。雖
然過程中難免也要將錯就錯逐個與不同人格互動，彷彿它們
真是實際存在的分立個體，然而治療師必須牢記在心，這些
人格都是整體的小小面向，是真實的統一體假想解體幻化而
成的零散部分。同理，我們這些以為被各自肚皮隔住的心
靈，也必須主動接納聖靈慧眼所見的眾生一體之理，從而關
閉小我的二號系統，引發奇蹟的體驗。

> 你若相信你們是兩個不同的生命，天堂便在你眼前
> 四分五裂了。只有天賜予你的那道真理連結（而非
> 真理本身），能用你所了解的語言與你相通。（T-
> 25.I.5:1~2）

隨聖靈扭轉知見

　　一號系統引發的奇蹟，並非來自人間的因果（除非你認
清上主是唯一之因，而我們是祂的果）。所謂奇蹟，並不是
嘉言懿行、聖物、觀想或天使代禱的產物。根據《課程》的
說法，只要人心重新將自己融入一體生命，願意捨永劫無
心而取永恆之心，奇蹟自會發生，那表示你決意關閉二號系

統，啟動一號系統，等於將自己置於超越人間因果的整體性法則之內，不再接受分裂法則的束縛，整個知見自然就會隨之翻轉。

> 奇蹟會把眼中顛倒的知見翻轉回來，消弭世間種種怪異扭曲的現象。如今，知見已經能向真理開放。（W-PII.十三.2:3~4）

> 奇蹟可說是違反了現實世界的每一條自然法則。它超越了時、空、量、度上的每一條定律，聖靈助你完成的事顯然不受那些範疇所限。（T-12. VII.3:2~3）

然而，人類在分裂狀態淪陷久矣，不能自拔，光憑一己之力不足以自救，和人格分裂患者一樣，需要外力援助，而出手的這位治療大師正是聖靈。

聖靈就像世間的人格分裂治療師一樣，居高臨下，深知你我所缺。祂立足永恆之境，運作於時間之外，已經明確知曉所有事件的可能組合與結果，絕非人間嚮導所能比況。祂就像一個絕不會出錯的自動導航系統，能從每個時間點監測全球天氣和路況的衛星調取資料，更厲害的是，祂的算法能夠精確預測未來的一切狀況，並且根據實況的變動隨時調整導航，穩穩當當地帶你穿越群山。人類嚮導當然不可能如此了解全局，更何況他們本身往往就是自欺甚深的迷途羔羊。

你不知道該往何處。但全知全能的那一位會與你同
行。讓祂繼續引領你的前程。（W-155.10:4~6）

聖靈是我唯一的嚮導。祂在愛中與我同行。我感謝
祂為我指引迷津。（W-215.1:2~4）

當然，人生紛雜的萬象豈會僅僅跟其他遊客狹路相逢於
山中那麼簡單，每個人的一天之中，便可能遭遇成百上千的
選擇：哪件事該做，哪件事不該做，哪件事優先做，講話要
如何措辭，這些無不需要斟酌取捨。大部分時候倒還算小事
一樁，幾乎不假思索，一下子就選好了，不會在生命裡留下
什麼嚴重的印記。但不可諱言的，某些選擇確實會影響人的
心情，損害人的整體情緒和感知幸福的能力，接著感染周遭
人的心情，再由他們繼續向外輻射傳播。由此可見，看似微
不足道的決定，也有波及千百萬人的可能性。

為了理解之便，我們不妨由童年取材，拿抽棍子遊戲作
比喻。遊戲的玩法是找一捆長短粗細一致的棍子，從空中丟
下來，落成一個木棍堆，玩家輪流抽棍子，一次一根。抽的
時候不能觸動其他棍子，若成功，抽出來的棍子就歸自己，
並且獲得再抽一次的機會，若失敗，就換下一位玩家來抽。
抽完之後，手上棍子數目最多的玩家獲勝。

致勝有兩大關鍵：其一，手穩；其二，能夠分辨哪根棍
子牽連最少而適合抽取。棍子彼此的關係並不總是一目了

然，如果太關注局部，難免忽視棍子之間牽一髮而動全身的糾纏狀態，必須在整體架構裡仔細觀察棍與棍的牽連。

　　人這一生，每天都像亂糟糟的木棍堆，哪個任務或差事應當列作首位？為什麼？哪些事情看似無關痛癢，卻仍然值得關注？哪些事現在操心還為時過早，或是根本不值得費神？確保汽車有油或嬰兒是否有奶，可能算是小事，但是不作為的後果也往往釀成大禍。再比如說，煙霧警報器若是突然發出刺耳鳴響，搞得家犬狂吠、嬰兒大哭，再重要的事情也都得延後處理了。

　　世人盡其所能地觀照大局，玩好人生的抽棍遊戲，卻依舊難免碰到不該碰的棍子，有時還把整堆木棍搞垮。肉眼所見畢竟有限，決策的過程也容易疏忽大意，行動時又難免笨手笨腳，出了事，也只能認命。

　　假若把人生的抽棍子遊戲交給聖靈，結果會如何？祂知道每根棍子的確切位置，以及木棍間的平衡關係，即使最微小的交叉點，露在表面也好，藏於深處也罷，祂都一覽無遺，深知哪一點的小小變動可能會觸發雪崩式的連鎖反應。紅塵中人是無從掌握此等「內幕」的，但聖靈可以指點我們動手的位置和方法，把宛若亂麻的木棍抽取一空，手法乾淨俐落。等到只剩最後幾根時，哪根最宜抽取，也一目了然。在整個過程中，我們的焦慮不斷減輕，代之以愈來愈強的信心，面對人生，愈發從容，愈發安心，那是小我怎樣也佯裝

不來的人生境界。

　　人生難題縱然環環相扣，複雜無比，一旦交給聖靈，必會迎刃而解，萬無一失。這靠的絕非人或形勢，也與你眼中的問題難易無關——奇蹟的核心理念恰恰是不分難易。即使你看不清前路，無法了解自身的決定所會引發的後果，聖靈卻一清二楚。

　　祂的指引固然滴水不漏，卻有一個奏效的前提，就是你絕不能擋在中間。前文說過，你必須主動從二號系統切換到一號系統。假如聖靈指引你抽某根棍子，你卻覺得自己更有見識，已在其他位置看到了更優的選項，等於把聖靈拒之門外，自然無從得到祂的援手。只因你那位幼稚的嚮導興高采烈地告訴你，他這回真的知道路，你便關閉自動導航，那麼迷了路也只能怪你自己。

臣服的力量

　　如何才能不擋聖靈的道路？該怎麼做才好？我們很幸運，有戒酒無名會的十二步課程示範在前，當中的前三個步驟就是久經實驗而證明有效的方法。

第一步

　　「我承認自己無力招架酒精（在此填入令你上癮的東西，或者乾脆填小我），日子過得一團糟。」

第二步

　　「漸漸認識到，只有超越自身的大能才足以幫自己恢復神智。」

第三步

　　「立志探究天意，將自己的心和命交給老天爺。」

　　現在，我們來逐步研究一下這套方法的原理，以及如何運用於生活的方方面面。切記，這三個步驟環環相扣，缺一不可，跳過步驟只會延誤進程。

　　第一步，學員要面對現實，承認自己力不從心，日子過得一團糟。這正是酗酒無度之人的生存現狀，但當事人豈肯輕易承認？除非他已經「觸底」了，工作與生活被酒癮搞得慘兮兮，到了不得不面對的地步。先前他也多次嘗試戒酒，或者多少節制一點，最後都以失敗告終，這時，加入戒酒會才是最佳時機，而第一步正是要誠實「清算」。

沒有酒癮的人可能比較不容易進行這一步。乍看之下，你的人生還算井然有序，雖非事事如意，也有沮喪落空甚至遭遇挫敗的時候，但是每次你一被擊倒，拍拍灰塵，立刻又會爬回拳擊擂台。永劫無心以此為證，抗議這一步根本是在胡說八道，認為你沒有它說得那麼一無是處。小我甚至覺得那些話在侮辱它，憑什麼讓你承認自己力不從心、生活失控呢？小我就像那位謊話連篇的山地嚮導，隨時都有託辭，若非別人的錯便是天時地利不足，不是誰說了算的。總之，小我必會卯盡全力，哄得你懈怠自滿，這樣它才能把你牢牢抓在掌心。

正因如此，一般人往往需要好幾個年頭方能體會其中深意，非得在小我的過山車上大起大落個幾回，才肯承認日子確實已被小我搞得一團糟，若是再任它恣意妄為，無異於自行放棄主權。不幸的是，大多數人非要經歷一番苦痛掙扎，才能認清現實，下定決心推翻小我的統治，敞開胸懷迎接真正的改變。

> 但你必須正視自己的一切痛苦，意識到自己的計畫
> 從未帶來平安和喜樂，將來也無此可能。如此，你
> 才算準備好接受這一禮物了。（T-24.II.14:2）

> 人忍受痛苦的耐力雖高，終究有其限度。遲早，
> 心靈會隱隱地冒出一念：「一定還有更好的途徑才
> 對」。（T-2.III.3:5~6）

若要有此覺悟，我們必須對小我的心機和手段保持高度警惕，培養敏銳的洞察力，慎防小我偷天換日、移花接木。它也曾許諾要除舊布新，而且也真能帶來一些起色，但那往往只是表面功夫，把一個苦難換成另一個看似更好的幻相而已，其實並未真正改弦更張。好像在陪你打地鼠，剛壓下去一個麻煩，緊接著它又換個樣子從別處冒了出來。

> 一個問題能以多種形式呈現，只要問題存在一天，
> 它就會玩這花招。你若只想解決某一形式的問題，
> 必然徒勞而無功。問題必會層出不窮，直到你給
> 它一勞永逸的答覆，它才無法伺機還魂。（T-26.
> II.1:5~7）

表面上看來，世間萬事萬物皆有因果可循，但那套因果的幕後主宰正是小我本身，它絕不會承認問題出在自身。換言之，小我世界的因果依然是在果的層次，真想解決問題就得將小我這個罪魁禍首連根拔除。試問，它豈會鼓勵你拿它開刀？套用醫學領域的話，這叫治標不治本，看你腹痛就給你開鴉片製劑，肚子倒是暫時不疼了，但闌尾破裂的病根沒除，這麼醫下去遲早得死人。

戒酒會課程的第一步針對的是酒癮失控，《奇蹟課程》則把洞見推至更深的層次。若要轉到一號操作系統和永恆之心，**一切**都得交給聖靈，不能保有任何例外，哪怕再小的人生領域，也不可存著「我比祂更懂，自己處理就好」的僥

倖心理。這下你明白第一步難以跨越的原因了。人一遇到問題，便會條件反射式地啟用二號系統，明知不智，依舊忍不住躲到小我的保護傘下，只因一直都是這麼過來的，早就習以為常了。

《奇蹟課程》從一開始的操練就為學員明白點出，人根本沒有能力理解萬事萬物的意義，因應得左支右絀，也實屬正常。以〈練習手冊〉前二十五課為例，它說：「我並不了解我所看到的一切」（W-3）；「我絕不是為了我所認定的理由而煩惱」（W-5）；「我的想法不具任何意義」（W-10）；「我認不出什麼是對自己最有益的事」（W-24）；「我不知道萬物的目的何在」（W-25）。

以下的段落更是一針見血，道破了人類的無知：

> 我不知道任何事情的意義，包括這件事在內。因此，我也不知道如何回應才是。從今以後，我不再借助過去的經驗作為我的指路明燈。（T-14. XI.6:7~9）

> 我不知道我是什麼，也不知道自己在做什麼，或身在何處，更不知道該如何看待世界，或看待自己。（T-31.V:17:7）

其中的訊息再清楚不過了。凡是與小我沆瀣一氣、當自己是分裂個體那樣活著的人，便理解不了任何事情的意義。

前文說過，小我認為這樣的說法是在侮辱和否定我們的能力和智力，然而事實剛好相反。唯有承認幻相的空幻無力，脫去幻相的束縛，我們才可能接通永恆一心的一號系統，獲得真正的力量。

* * * * * * * * *

邁出戒酒無名會的第一步之後，順理成章便會導向第二個步驟。我們已經承認自己人生失控，小我無能為力，接著便要問：那麼，真正的力量究竟源於何處？顯然不在這世上，自己（以及認識的人）試過了紅塵俗世所能開出的一切藥方，結果全都徒勞無功，於是，「漸漸認識到，只有超越自身的大能才足以幫自己恢復神智」。第三步則以邏輯推導得出：這個大能就是上主，否則還有何物堪此大任？但是，**上主**一詞在我們的文化中一直遭到嚴重誤解甚至詆毀，已經淪為某種流行語。與其如此，很多人覺得不如以「高等力量」或其他稱呼來取代之，免得令人徒生疑竇，心存保留，反而妨礙這股力量進入自己的生活。不過，話說回來，第二步和第三步無意灌輸信仰，讓你信神。它所要給你的並非理論，而是實踐方法，目的是讓人明白，有某種高於人類自身的偉大力量，姑且不論是何性質，確實足以做到人力之所未及之事，恢復人的清明神智。

有些人不覺得自己神智昏昧。若說已至酗酒成性的地

步，那確實是沒什麼理智了，但正常人如何能承認自己是神智錯亂呢？好，我們來回述一下，可還記得，我們在第二章清楚看到，人類堅信不疑的知見世界恐怕怎樣都難以歸入理性和正常的範疇，瘋狂失常可不是貪杯無度之人的專利。這種失去理性的狀態，《課程》稱為「罪」，意思並非說你為非作歹，而是說你落入了妄見心境，有待掙脫。我們不是壞，只是瘋了而已。

> 罪就是神智失常。它先把心靈逼瘋，再借「假」裝瘋地以幻相取代真相。因為它已經瘋了，才會在真理應在之地，也是真理一直所在之處，看到了幻影。（W-PII. 四 .1:1~3）

沒有錯，人類都是被小我逼瘋的。

戒酒無名會指出，人類陷入瘋狂的唯一解藥來自高於人類的那個大能，《課程》稱之為聖靈，你叫它上主、宇宙、道，或是喬治·盧卡斯所謂的「原力」都可以，名相無關緊要，重點是要交託——「立志探究天意，將自己的心和命交給老天爺」。

交託的過程並非自動發生，任人坐享其成，而是需要你主動發願。本書一直強調，《課程》也反覆提醒，選擇能力是心靈陷入妄想後僅剩的真實本領，哪怕業已瘋症百出，抉擇的本事亦不減半分，隨時可以選擇自己要運行哪套操作系

統。選擇之後，一切自會水到渠成；倘若因循守舊，一切狀況當然也一成不變。

聖靈不會強行把自由餵到你嘴裡，否則便有干涉自由意志之嫌，自由便不成其為自由了。祂只會耐心等你準備就緒，認出自己「所願所欲」和聖靈「願你所有」完全一致，而向祂發出召請。這時，等於你已經作了決定。

不過，小我又要來抗議了：「把人生拱手相讓不說，**連心也**要交出去，開什麼玩笑？我的心，**我做主**！我命由我，不由天！將個人意志假手於人，那我還剩什麼？」但是，請想想看，假如你的心意與天意真有相左之處，縱然找祂求助，也等於是在認可天人分裂。真正的交託，表示你願意承認《課程》那句：「除了上主的旨意以外，沒有其他的旨意存在。」（W-74）你原先自以為的心願，其實不過是小我的私心；既把私心視若珍寶，又指望恢復清明神智，根本是自相矛盾。你的私欲就像那位靠不住的山地嚮導，必然引你走入歧途；反之，如果讓心意與聖靈相應，則必能平安過關。

＊　＊　＊　＊　＊　＊　＊　＊　＊

在小我看來，戒酒無名會的前三步簡直是要人命，全都是教人捨棄最珍貴的東西——人家嗜酒如命，它卻要求戒酒；人家是奇蹟學員，它卻提出捨棄全世界和自我概念的激

進目標。小我沒看錯，這三步就是這麼絕！可是，交出幻相絕非犧牲，其間並無任何損失，僅僅是放下幻夢，覺醒於清明神智而已。試問，將一無所能的小我「心思」讓位於上主與聖靈的大願，得享永恆的平安與喜樂，這豈能算是損失？我們捨下的無非是身上的枷鎖罷了，不僅沒失去自由，反而**一舉投入**了自由。掃除心靈糟粕，只為清理出一個寬敞乾淨的空間，讓心靈的祭壇得以接收聖靈和祂帶來的奇蹟。

奇蹟的起源

　　《奇蹟課程》開宗明義點出：「奇蹟原是最自然不過的事。當它匿跡不現時，表示你的生活出了問題。」（T-1.I.6）如今已知，問題正是出在我們發了失心瘋，認同小我而不能自拔，令奇蹟無從容身，無怪乎奇蹟世間罕有（一如其名），足見世人都被小我牢牢抓在掌心了。

　　奇蹟出現時，小我也有一套理論來自圓其說，一口咬定你絕對是做了什麼特別的事情，唸對了禱詞，選對了禮拜的神殿，拜對了靈性領袖，求對了管事的天使，不一而足。或者就是你比較特殊，與眾不同，乃天選之人。然而，奇蹟若真是最自然不過的事，上述說法便難逃牽強附會之嫌。要知道，你並不特殊，任何人身上都能發生奇蹟，不必特別做什

麼。這正是奇蹟的奧妙所在，它不是做出來的，而是你「少
做」才出來的，關鍵在於放下，而非造作，你的任務只是不
去擋道而已。

根據《課程》的理論，奇蹟並不像世人說的那樣「神乎
其神，妙不可言，是神力介入的產物」，它其實是你認清自
己的心與聖靈的旨意一無衝突，所引發的效應而已。它的運
作機制在小我的因果之上，故而足以證明人間因果律的虛
妄。「使你感受不到愛的那些障礙」（T-in.1:7）一旦清除，
永恆之心自然泉湧而來，注入奇蹟。

＊ ＊ ＊ ＊ ＊ ＊ ＊ ＊ ＊

想像有一條綺麗清澈的小溪在山間蜿蜒迂迴，流過光滑
的山岩與礫石，在森林深處逐漸注滿一座池塘，然後飛流直
下，化作無數水花，如此天長日久，已逾百年。某一天，有
家建築公司過來挖坑，打算沿溪建造房屋，附近還有一家礦
業公司前來掘金。建築公司砍光了周圍的森林，而將垃圾、
碎渣、污泥、鋸末通通傾倒於溪中，致使河道阻塞。此時，
溪水多少仍能滲進來一點，但是已經少到難以察覺，溪流儼
然名存實亡。

為了使溪流恢復原狀，必須移除阻滯水流的障礙，清理
碎塊殘渣，運走倒下的樹幹，挖出各類食品的塑膠包裝紙，

必要情況下還得親自動手。有些地方堵塞得太厲害，還得靠推土機才能清出一條通道。

起初，工程艱鉅極了，費時費力，真可謂百廢待舉，簡直沒完沒了，忙了一大段日子，卻似毫無進展。漸漸地，溪水終於有路可走，蜿蜒下行，開始佐助河道的復元，水勢愈急，沖走的廢物便愈多，直到奔流無礙，綿延不絕。只要不給它添堵，溪流再無壅塞之虞。

這條綺麗的溪水所象徵的，正是聖靈注入的奇蹟之流；阻礙水道的滿地垃圾，則是永劫無心費盡心機佈置的各種算計。你愈是覺得自己比上主更有能耐，便愈會壓制聖靈的判斷，阻塞溪流，直到讓它徹底堵塞，而你也就從此無緣奇蹟。奇蹟不是沒了，它就像溪水一樣堵在外頭，無法穿透小我濃密念頭蓄積而成的淤泥。久而久之，你終於深信世上絕無奇蹟，談何發揮大用！再說，人從生到死無非孑然一身，只有靠自己仔細謀畫（再加上一點點的運氣），這一生才有幸福的指望。

當然，僅憑一人是清理不了河道的，這和單個分裂人格無法憑一己之力統整心靈是一樣的道理。而且別忘了，污染水源、堵塞河道的正是你的心，試問，這顆常年深陷分裂與衝突的心，有何本事一反常性，扭轉過去造成的傷害呢？

這有點像是用沾滿泥巴的掃把來打掃房間，你現在需要

換一把乾淨的掃把——可是，你不知道乾淨的掃把長什麼樣子。真有這樣的掃把嗎？泥掃帚已經用了大半輩子，祖上也是如此，手頭只有這個工具，也只能將就一下，見到髒東西就盡量掃走，但再怎麼掃也抵不住你邊掃邊掉渣。永劫無心難逃薛西弗斯的命運，永遠只能困在小我的打地鼠遊戲裡。

你得請專業清潔工幫你找出灰塵死角，然後授意他們清理乾淨。這群專家配備無比潔淨的掃把、拖把、清潔劑、抹布，以及奇蹟中的奇蹟——吸塵器！只要僱請聖靈來你家打掃衛生，祂便會一層一層地清除你的思想污垢。以前你一直覺得那些念頭再正常不過，如今，在你的首肯下，聖靈為你清理得乾乾淨淨，將灰塵一掃而空。每樣東西都閃閃發亮，這才叫奇蹟。

更好的路

《奇蹟課程》其實是應願而生的一本書，求助之人叫比爾・賽佛，是紐約哥倫比亞大學內外科醫學院的醫學心理學副教授。他有一位過從甚密的同事，名為海倫・舒曼，兩人天天吵架，沒有一件事情不鬥嘴，任職的學術單位又明爭暗鬥，讓兩人的關係火上澆油。有一天，比爾莫名覺得，這樣的日子他受夠了，向海倫宣稱「一定還有另外一條路」來處

理人際和工作的問題，他決心要找到這條路。出乎他以及海倫意料的是，海倫竟然答覆道：「我來幫你。」三個月後，時間來到1965年10月，彷彿是為了回應比爾的請求，海倫聽到有個內在靈音說：「這是闡釋奇蹟的課程，請記錄下來。」《奇蹟課程》的筆錄工程就此啟動。

回首往事，比爾感到他和海倫之間存在某種情感障礙，有害無益，應當設法破除。從戒酒會十二步驟的角度來看，比爾當時正處於觸底階段。他發願要找到另外一條路，用更好的方式處理人際關係，這份心意也感動了海倫，兩人一同啟程，成果正是《奇蹟課程》。可以說，他們是在不知不覺間邀請聖靈到生活中打掃衛生，也可以說，是名為海倫和比爾的兩個分裂人格同心一志，攜手邁向了整合的道路。

比爾如此呼求時，並不曉得自己的人生會發生何種轉變——不久，他便會申請提前退休，搬到加州，開始新的生活，結交一夥新的朋友，極其低調地成為《課程》的首位教師。邀請聖靈進入自己的生活，等於上繳人生的掌控權，請祂引領我們遇見自己的腦袋瓜永遠無法想見的人物和情景。這其實是件好事，我們若是預知後面的情節，恐怕就要逃之夭夭了。然而《課程》說得明白：聖靈永遠不會讓人體驗可能引發恐懼的事情，那樣並不利於祂完成任務，而且也不可能，因為愛是不會引發恐懼的，兩者絕無並存共容的可能。恐懼是分裂才會造成的心態，表示人認同了永劫無心，自視

為分裂個體，然而這種情緒在永志一心的一體生命內毫無立
錐之地。

> 在愛的道路上，恐懼有如一位陌生人。你一與恐懼
> 認同，你對自己也成了陌生人。……沒有一個家能
> 同時收容愛與恐懼。它們是無法並存的。你若是真
> 的，恐懼必是幻相。恐懼若是真的，表示你根本不
> 存在。（W-160.1:1~2;4:5~8）

＊＊＊＊＊＊＊＊＊

　　我們在第一章已然指出，人類搭建的假我乃恐懼之溫
床，令人追逐幸福卻求而不得，情感障礙深重而無法掙脫，
因為那儼然是自我概念中「我之為我」的核心元素。但若認
清「一定還有更好的活法」，然後「退讓下來，讓祂指引前
程」（W-155），奇蹟便會將我們一路護送到永恆之心，恢
復真我。

　　小說家托馬斯‧品欽（Thomas Pynchon）寫道：「奇蹟
是方外世界的入侵。」（A miracle is "another world's intrusion
into this one"）這個「方外世界」依照另外的法則運作，不
受宇宙時空的框架所限，故而顯得十分神奇。兩個世界交匯
之際，便是奇蹟出現之時，證明在感官所知的世界以外的確
另有乾坤，從而鬆動我們對永劫無心法則的絕對信仰。

然而，若是尚未準備妥當，不曾像比爾和海倫那樣主動邀請方外法則顯靈，奇蹟便不請自來，那確實會讓人覺得有外力入侵而惶惶不安。迷幻藥和沒有穩固基礎的覺醒都有這種風險，心靈招架不住，便會生畏，不僅無心領受超覺經驗所帶來的洞見，還會嚇得不敢向愛敞開，反去投入小我的懷抱，求它幫自己恢復正常的神智和秩序。但小我豈有這種本事？它可是神智失常的頭號典型，只有聖靈才能恢復真正的秩序。

> 你似乎很難接受，你內心缺少一個足以調整自己念頭的基準。唯有聖靈的課程能利用奇蹟的光明例證，教你看出你的調整方式有誤，祂要為你指出一條「更好的途徑」。（T-14.X.6:1~2）

奇蹟就是比爾・賽佛決心追尋的那條「更好的路」，它的施展方法就在《奇蹟課程》中，人人都能學會。

＊＊＊＊＊＊＊＊＊

2016年夏，我從精神科醫師的崗位退休，接任心靈平安基金會的會長職位。基金會是《奇蹟課程》原始的出版及翻譯機構，坐落於加州，我們一家子得從住了十八年的新澤西州搬到那邊去。此事在一整年之前便已敲定，臨到當口，仍然令人忙得不可開交，既要結束診所（和多年來相知相親

的一眾好友道別），又要出售房屋，還得在加州尋個住處，而且當時我兒子也快高中畢業，正在申請大學。

全家人好好整頓了一陣子，送走了一箱又一箱的衣服、家具、書籍，撕掉壁紙，重新粉刷，鋪上新地毯，院子種花草和灌木，家裡的物件也都修繕了一番，耗費了大量時間、金錢、精力。我們見了三位房產經紀人，估價大同小異，全都遠遠低於我們的預期，因為當地房產市場正低迷，可是我們還要在舊金山北部的馬林縣購房，那裡的房價要高多了。經紀人說，市面上有好幾個和我家類似的房產，我們當年大力置辦的美宅並未如想像那般一枝獨秀，指望不上高價，根本無人前來出價。經紀人還說，我們最遲得在三月底或四月初掛牌，這樣才能借到春季市場的東風。

四月初來了又走，我們依然沒有做好掛牌的準備，要做的事情實在太多了。每當恐慌來襲，我們便提醒自己，大家已經盡力了，我們全然信賴搬家是最好的做法，船到橋頭自然直，聖靈自會相助。我們並未特別期待什麼奇蹟，但是，我修了幾十年奇蹟，早就一再親身驗證，即便看似不可逾越的路障，奇蹟也有翻越之法。（部分經歷記錄在我的作品《從瘟疫到奇蹟》中）

時間來到了五月初。再過兩週，我們就要飛往舊金山，花十天時間選購房地，心裡對預算完全沒譜，但我們依然淡定從容，畢竟這並非人力所能掌控。有時，我夜不能寐，翻

來覆去想著各種「不怕一萬，只怕萬一」的狀況——萬一房子只能賤賣，萬一沒人出價，萬一只能把所有東西寄存在倉庫，和家裡幾條狗擠在狹小的公寓……這些念頭一出，我便提醒自己打住，退下來，把這團亂麻交給聖靈。

亮點開始浮現。有家非營利組織委任我寫作《課程》概述，酬勞相當豐厚。不過也出了些岔子，家裡的化糞池因為水泵故障幾近飽和，沖不了馬桶。這種事，永遠都是每週開始放假的週五晚上發生。承包商兩天後才來上門，不僅收了加時費，工作還沒做好。這檔子事為數不少。

後來，房子終於準備好出售，已經打點得盡善盡美，再過幾天，我們就要和一位看起來特別內行的房產經紀人簽約。就在這期間，我兒子某天出去散步，遇上了新搬來的鄰居，兩口子帶著幾個年幼的孩子，一如我們當年遷居時的情狀。他們把我兒子叫過去，問道：「你父母是不是想賣房子？」他們注意到我家經常有承包商出沒——其實想注意不到也挺難的。兒子說是要賣房。他們說有幾個好友有意在這一帶購屋，問我們願不願意帶他們看房。赫，這還用說！

他們當天晚上就過來了，對我們的佈置讚賞有加，第二天出了一個非常可觀的報價，比房產商的預期價格高出一大截，還省了我們支付佣金。就這樣，搬家的最大障礙掃清了。我們在馬林縣也找到了心儀的新房，比預期的更大，尤其是院子，在那一帶算是異常寬敞了。售價的確略高於預

算，可是新澤西州的房子賣了個好價格，多付點錢一點不成
問題。

　　我很想說，從此之後，搬家一帆風順，但事實並非如
此，我們頻頻碰到麻煩，有一次差點連房子都買不成。但
是，每當障礙出現，我們就會退讓下來，把問題交託出去，
而每次問題也都迎刃而解，解法有時相當滑稽。有一次，我
把朋友的簡訊誤認成是抵押貸款經紀人發來的，以為貸款的
申請要完蛋。還有幾次，解決方案都是在最後關頭才突然接
連冒頭，那次與新澤西州環保部門針對「拆除地下油箱」的
額外事件就是如此。但如今，我正在馬林縣寫作，享受加州
明媚的午後時光，雖然車庫依然堆滿了箱子和家具，一切也
還算是皆大歡喜。

　　早先其實另有一段故事。1991年，我和前妻要賣掉費
城郊外的房產，搬到灣區。房子閒置六個月無人問津，我倆
日漸焦躁，終於找來了一位風水師，根據指示進行了一系列
儀式。五天後，冒出一位可靠的買家，竟然無視房內各種顯
而易見的毛病，像是讓人施咒了似的，我們印象特別深，感
覺像是臨時抱佛腳。結局固然令人感激，卻並非因我而起，
也不太符合奇蹟理念。這一次我很想故技重施，但我強烈感
到，這次的指引教我們不要用風水之類的「法術」。

　　我最想強調的是，我們夫妻倆從未主動坐下來祈求奇
蹟，比如事先設想應該發生什麼事、房子該賣多少錢、加州

的新居又該是什麼樣子，然後觀想、祈禱，或是用儀式來招引。我們只是把遇到的每一個阻礙交給聖靈，也就是戒酒無名會所謂的高等力量，然後全心信賴，隨指引而動。

如今回想起來，舉家搬遷這等浩大工程，能夠一步步走下來，的確如有神助。2016年春，我好似凝望著一座陡峭的山脈，知道自己必須翻越到另一頭，卻不知如何進山，深感前途未卜。到了第二年春天，回望白雪皚皚的崇山峻嶺，依舊心有戚戚。但我現在畢竟已是在山的另一頭觀望，爬山過程雖則艱辛，終究是挺過來了，只不過我仍然說不上來是怎麼過來的，感覺幾乎是有股力量把我輕輕抬起，送到了這頭似的。也許事實就是如此。

我在想，這有點像分娩。產婦在分娩前對自己所要經歷的一切毫無頭緒，讀過再多書，上過再多分娩課程，聽人分享再多分娩故事，終歸還是無法確切預知眼前的遭遇。等到真正分娩時，子宮開始收縮，疼得要命，簡直不知道自己能否挺得過去。反應一次比一次劇烈，而且愈發頻繁，眼看自己就要命喪產房，進也不是，退也不能。疼痛升到了最高點，產婦用力再用力，累得筋疲力竭，感覺毫無盼頭。這時，最神奇的奇蹟出現了，疼痛消失，而她……誕下了一個新生兒。在整個過程中，她別無選擇，只能信賴，讓它自行推展。

同理，我們也必須給聖靈讓出道路，哪怕小我拼命抗

議，說我們走錯了路，我們依然要信賴聖靈，放下自行計畫的企圖，與永志一心和聖靈站在一線，這樣才可能得到自己真正需要的幫助。

只要把祂（上主）的計畫當作此生唯一想要完成的任務，其餘的事情，聖靈都會為你安排妥當，不勞你來操心。祂會在前領路，為你修直道路，不讓一塊亂石絆倒你，阻擋你的去路。不論你有任何需求，祂都不會拒絕。所有看似困難的挑戰，都會迎刃而解。除了有待你完成的那個唯一目的以外，其餘的事你都無需放在心上。上主既賜給你這一目的，祂必會幫你完成的。（T-20.IV.8:4~9）

沒有難易之分

當人認出永志一心為實、小我為虛，願意將日常事務交給聖靈時，通往奇蹟的道路便開啟了。大部分奇蹟並不驚天動地，有些人甚至不覺得那些事有何神奇之處，只因奇蹟並非誇張特效，也無意引人皈依，純粹是給當事人自己的經歷，故也只有自己才能判定那是不是奇蹟。

奇蹟會移除障礙，清空道路，從而加速學習進度。有時會分開紅海，有時只是顯現在平凡無奇的小事。

＊＊＊＊＊＊＊＊＊

　　我坐在大型渡輪的甲板上，前去度一個工作假期。陣陣勁風橫掃而過，我壓緊帽身，免得它吹到欄杆外頭而掉進海裡。再過一週，我就要帶領一場為期三天的《奇蹟課程》研習會，還有很多事情要準備。不過，在這樣的時刻，凡事皆可緩著來，我把手機和筆電通通擱在甲板下面的汽車裡，只想好好放鬆一下，享受旅行之樂。

　　我闔上眼皮。晴日當空，海風習習，渡輪疾馳於輕柔海濤，像在演奏一首搖籃曲，將我送入了深沉寧靜的心境，雖不及圓滿一刻，但永志一心似乎就在左右盤旋。這時，我腦中忽然冒出一個有關研習會的重要構想，於是馬上找隻筆，想把它寫下來，可是沒有紙，找了一圈，也沒看到誰在附近留下什麼報刊雜誌，啥都沒有，一張紙都看不著，我只能想辦法把那點子記住了。我微微一笑，接受了眼前的狀況。話雖如此，要是有張紙當然最好。於是，我閉了會兒眼睛，在心裡請求幫助。

　　海風吹拂不休，不知從哪飄來一小張紙，沿甲板一路飛來，正好卡在我的鞋底。我抓起來，看到那是一張渡輪的票根，空白處剛好足夠寫下那個構思，寫完裝進口袋。我道了聲謝謝。

　　我很肯定自己在那一刻收到了奇蹟，雖然不是攸關生死

的大事，卻恰恰彰顯了奇蹟的意義，那就是春風化雨。我遇到困難，心裡有個可以利益研習會學員的重要想法，卻無紙可寫，於是靜靜祈請，障礙就被移除了。

＊＊＊＊＊＊＊＊＊

《課程》正文開頭奇蹟原則五十的第一條說道：

> 奇蹟沒有難易之分。一個奇蹟不會比另一個奇蹟
> 「更難」或「更大」。它們全是同一回事。全都表
> 達了愛的極致。（T-1.I.1）

這段話乃是《課程》開宗明義之言，一語道出奇蹟的意義，值得花些功夫深入。

首先，何謂「難易之分」？難易是知見世界中的相對概念，需要經過判斷才能加以分別，而判斷正是小我的拿手好戲，與永恆之心無涉。在祂那裡，一切都是永恆的「一」，何來難易、大小、多寡之分？

既然奇蹟來自聖靈，而非小我，自然不必遵守小我的法則，任何時候都犯不著對小我屈尊，所以不可能有哪個奇蹟比另一個更大或更難。把不同的奇蹟擺在一起比較也同樣無謂，這和遠近高低各不同的賞畫和品酒完全是兩碼事，是無法用刻度或數量來衡量的，彼此之間沒有高下之分。輕鬆的

夏日短途旅行也好，酷寒的喜馬拉雅登山壯舉也罷，本質上都是穿越山路。

> 奇蹟不會互比高下，你所能行的奇蹟無可限量。它們可能同時發生，也可能成群出現。只要你開始認出這個可能性，就不難了解這一事實。最令人難以理解的，是「奇蹟沒有難易之分」，然而，這也成了奇蹟不可能出自世界而其實另有所本的有力證據。因若根據世界的觀點，這根本是不可能的事。（T-14.X.3）

奇蹟乃是針對各類情境的統一答覆。人的處境千差萬別，聖靈的答覆卻始終一貫。我們眼中的人生問題林林總總，波譎雲詭，而在聖靈眼裡卻分明只有一個問題，就是「天人可能分裂」的信念。當我們主動把各式各樣的困擾交託給聖靈，等於是把問題送回真理之境，聖靈便可傳授祂對問題的詮釋，並將問題置於上主的天律之下，同時也解除了小我的掌控。

結果有二。其一，讓人看到數不勝數的煩心事，皆可歸結為同一問題。其二，讓人認清問題從無半分真實，進而化解問題。前提是我們要允許「方外世界的進入」，給聖靈和永恆之心修正知見的通行證。

聖靈並不認為我們眼中的問題真實存在，故祂不會從問

題看似存在的層次著手。祂眼中的唯一問題就是永劫無心妄想出來的分裂自我，功夫自然也就花在修正上。一切既是同一問題，解法自然也是一致的。表面上來看，奇蹟會針對不計其數的人生情境給予各種不同的解決方案，內涵其實全然相同。

> 奇蹟對每個求助之聲所給的答覆全然相同。它不會評判求助之聲，只會認出求助背後的真義而予以答覆。（T-14.X.6:3~5）

> 只有一個奇蹟，因為只有一個真相。你所行的每個奇蹟都包含了全部的奇蹟，你所見到的每一層面的真相，都靜靜匯入上主的終極實相。（T-13.VIII.6:3~4）

奇蹟是全像式的，一個奇蹟包含了其他所有奇蹟，因為奇蹟在真理之境無二無別，萬物在上主內的終極實相皆是如此。好比陽光照入室內，無論流經多少形狀大小各異的窗戶，本身依然是同樣的陽光，從哪個窗口進來都一樣會驅逐黑暗。來到生活中的奇蹟也是一扇扇通往永恆之境的窗戶，驅散小我佈下的愁雲慘霧，一點點照亮人的真實本性，直到我們明心見性，擁抱真我。奇蹟的終極目標正是要如此恢復我們的正見心境，讓人重新永志一心，然後送回上主那裡。

第一條奇蹟原則聲明奇蹟「全是同一回事」，後面一句

又進一步闡釋了它的原理和必然性，點明這是因為奇蹟乃上主的媒介聖靈所傳導的愛，「全都表達了愛的極致」，然則，這話又是何意？

正如我們在第二章探討的，小我世界沒有一樣東西不支離破碎，其中的愛既不恆久，更無法平白獲得。老實說，人並不博愛，雖然也會墜入愛河、關愛子女（但願如此）、孝敬父母（也許不假），熱愛國家和宗教之類的理念，但是這些形式都不長久，而且只在特定情況下才會釋出一點愛心，範圍也十分狹隘，除了與自己雙宿雙飛的那一位以及家人，此外基本不愛別人。哪怕是親情，一旦期待落空，也難免水流花謝；父母有跌落神壇的一日，子女也有辜負自己的一天。無怪乎《課程》說，人類根本不懂真愛的意義，做不到像上主那樣去愛人。上一章引用過這麼一段話：

> 它（愛）自成一體，因此，萬物在它眼中自然也成了一個。它的意義就存於這一體性內。凡是視愛為偏私或局部的心靈，必然不識愛的廬山真面目。除了上主的愛以外，沒有其他的愛存在，一切愛都在祂的愛內。（W-127.3:2~5）

愛不偏不倚，無從切分、稀釋、厚此薄彼，更不會消亡。愛從不分別取捨，第一原則說奇蹟「全都表達了愛的極致」，道出的正是愛的本質。你不是博愛，便是無愛；若非像上主一樣愛到「極致」，讓愛充盈整個空間，便是根本不

愛。一號操作系統運行的全是愛的軟體，而且是真心實意或希臘人所謂的「無私之愛」，一旦啟動，二號系統就會當機，它運行不了愛。

世界是幻，而愛卻真實不虛，所以當上主那個層次的真愛進入世界時，自會撥亂反正，把知見朝著一體的方向移轉，中間所產生的變化便是奇蹟。愛無須將苦難分門別類才能對症下藥，上善若水，倒進什麼容器，便成為什麼形狀。

在這個過程中，小我的形相世界自會受到愛的潛移默化。下面這段《課程》引文解說得相當精闢，雖然文中未曾特別提到奇蹟一詞，但是所說的無疑就是奇蹟的運作機制。

> 祂（造物主）的天音由真知之境溫柔地向無知之人發出呼喚。雖然祂不知道哀傷為何物，但祂仍會安慰你。雖然祂已圓滿無缺，仍會彌補你一切；雖然祂知道你已擁有一切，還會繼續給你禮物。雖然祂根本不看聖子（你）心目中的種種需求，仍會以聖念答覆你。因愛必須給予，凡是因祂的聖名而給出之物，必會按照對世人最有益的形式出現的。（W-186.13）

上主的聖念（源於愛，就是愛）以聖靈為媒介折射到形相世界，化作某種形式，便成了奇蹟。這聖愛有如純淨無比的白光，通過透鏡之後，折射出橫跨整個光譜的繽紛，奇蹟

就是那五光十色，雖則形態各異，顏色不一，卻與上主的神聖源頭一脈相承，本質毫無區別，光還是光，愛仍是愛。

小我絕地反擊

可惜，奇蹟翩然而至時，小我並不會坐以待斃，它必定想方設法把奇蹟的效力降到最低，盡量讓人注意不到奇蹟捎來的效益，而且手段還真不少。第一招就是輕描淡寫，說奇蹟無非是趕巧或者走運。以我的情況而言，小我會說，那對夫妻想買我家房子，純屬我們夫妻走運。如果運氣之說不足以敷衍了事，小我就會搬出它那套人間因果的法則來駁斥奇蹟之談。我在《從瘟疫到奇蹟》一書中講了許多故事，其中一個是《課程》筆錄者海倫・舒曼在自傳中記錄的一段經歷，特別令人震撼。

海倫當年隨父母參訪路德鎮的療癒聖地，只見遍地拐杖以及各種療癒奇蹟的證物，內心大受觸動。有感於此，某天晚上，她向天禱告，祈求一個奇蹟，打算先閉上眼睛，說三次「萬福瑪麗亞」，然後睜眼看看有無流星劃過夜空；若有，表示上天聽到了她的呼聲，且慨然答以奇蹟。她張開眼睛，所見並非小小一顆流星，而是漫天交錯輝映的流星雨，心中驚動不已，無比感謝上蒼送來上主存在的證據，俯允了

她的祈禱。

到了第二天，海倫想起，導遊曾經提過這個時節可能出現流星雨，當即認定前日所見並非上主捎來的奇蹟，只是當季發生的流星雨而已，因此，她把奇蹟說成是一個早知道會發生的事情，當下否認了奇蹟的真實性。結果，這次的經歷不僅沒有加強信仰，反而損害了她的信心。這就是小我的厲害之處。

可是，把一切歸結為自然因素，並不足以否定事件的奇蹟本質。奇蹟的關鍵在於時機和意圖，它會在最關鍵的節骨眼上答覆人心的需要，通常是回應當事人的交託與求助（哪怕是下意識的呼求）。海倫的流星雨便是如此，它不早不晚剛好在海倫閉眼祈求之後出現，哪怕只有五分鐘的偏差，流星雨也會意義盡失。只有當事人知曉自己所面臨的困境，也只有當事人可以判定某件事情是不是奇蹟，與外界的看法無干無涉。

小我還有另一個對付奇蹟的招數，就是反合理化而行之，這種招數的破壞力更勝一籌。它不去貶損奇蹟，而是抓著它大肆張揚，把奇蹟的功勞攬在自己身上，自抬身價。奇蹟於是成了特殊性的見證，有時是證明個人的特殊，有時是烘托某支球隊或宗教。

可想而知，自命不凡，竊以為其他族群不夠特別，不值

得奇蹟，這類心態必然加劇分裂和衝突。在人格分裂的治療中，假如某個人格聲稱她是治療師的最愛，還把治療師的某些善意當作偏愛的證據，其他分裂人格就會忿忿不已，甚至展開攻擊或退避三舍，不然便是感慨自己果然矮人一截，於是把自己藏起來。有的人格會指責治療師偏心，故寧可冤枉治療師，也仍可能出於憤怒和怨恨而蓄意破壞治療。

《奇蹟課程》早就警告：「凡是利用奇蹟來炫人眼目、誘發信仰，表示他已誤解了奇蹟的真正目的。」（T-1.I.10）奇蹟不是拿來炫耀的，它並非基督教帳篷聚會中的展示品，放在那裡讓不信教的人驚訝讚歎，然後皈依基督。奇蹟意在於恰切的時機以人最需要的形式來展現上主的關愛，即便像我這樣把經歷宣揚出去，目的也是為了強調眾生在上主和聖靈眼中同樣值得奇蹟。

平凡無奇的奇蹟

奇蹟本是最自然不過的事，毫無特殊之處，簡直可謂平凡無奇，不過是人在面對問題時，由小我的二號系統轉到一號系統時的常規反應。

你的問題沒有一個是祂（聖靈）的奇蹟不能解決的。奇蹟是為你而設的。（T-14.XI.9:2~3）

　　雖然奇蹟只是家常便飯，我們卻不能忘恩負義，而當飲水思源。

　　說奇蹟平凡無奇似乎有點自相矛盾，難道不是非同凡響的事情才稱得上奇蹟嗎？對於小我而言，的確如此；但對於永恆之心和聖靈而言，絕非如此。奇蹟的平凡正是它不可分割的一大特質，從根本上來講，所有奇蹟都是同一回事，故說「奇蹟沒有難易之分」。

　　但是，我們已經知道，小我要靠分別取捨才能壯大，它天生就愛比較而不能自拔。可還記得，「反差」是知見的立足之本，缺少了反差，可見可聞可感的世界也就跟著消融了。正因如此，倘若我們失去警覺，聽任小我恣意而為，它便會大肆比較，什麼十大餐廳、名醫、明星運動員、宜居城市、度假勝地，凡事都要分出個高下，故它會根據奇蹟不可思議和壯觀精彩的程度來判定奇蹟的價值，暗中折損箇中的效益。我們若認定只有「偉大的」奇蹟才配得上奇蹟的稱號，表示小我已經得手，把「難易之分」滲透進奇蹟的概念。

　　其實，平時我們很少碰上小我眼中的「真奇蹟」，畢竟，命懸一線的機遇一生能有幾回？又有多少紅海需要分開？奇蹟不只包括特殊時刻的大事，更是涵攝一呼一吸間的日常。若能以此為出發點，日日操練奇蹟，哪怕真有重大難題砸到自己頭上，你也會知道，那不過是再次領受平凡奇蹟的機緣。

　　《舊約》裡的〈出埃及記〉和〈民數記〉記載，希伯來人逃脫埃及的奴役後，遊蕩於寸草不生的荒野長達四十載，只能靠「嗎哪」（manna）維生。這種神秘物質只在日出時分出現在地面，宛若朝露，只能吃一天，存放即腐。有一種解讀，說嗎哪是應需而生、一飽飢腸之物，有效期限僅在出現的當天。

　　我在《從瘟疫到奇蹟》一書中，將嗎哪解讀為奇蹟的象徵，它是陪人走過荒野的伴侶，天天與人照面，也許不像好萊塢電影裡穿越紅海的場面那般盛大而震懾人心，可是奇蹟原本就無需如此，它像嗎哪一樣，是人賴以為生之物，少了它，日子就過不下去。

　　古代的佛教僧侶每天早上挨家挨戶化緣，當天用多少就收受多少，不可多取。戒酒的醫囑也只要求當天始終保持清醒，若能日復一日，一生清醒便是囊中之物。

　　小我則相信「人無遠慮，必有近憂」，總是戰戰兢兢地籌謀，盡量找出潛藏的危機，做好迎戰準備。奇蹟不然，它永遠是現在式，只能在當下與人相逢，因為當下是人與永恆之心交匯的唯一時刻，實際存在的也唯有**此時此刻**；縱然我們已經忘記，或是假裝不知道，但人永遠都是活在當下的。

　　弔詭的是，當我們把個人意志和生活託付給上主、聖靈、高等力量，每天早上從床上爬起時，都發願以此為志，

這一天反而會順順當當，充滿奇蹟，是故《課程》說奇蹟是人的「天賦權利」（W-77），因為我們乃是基督，乃是上主之子。然而，奇蹟是不能強求或索討的，否則便等於請小我復職。我們也不可自行判定什麼樣的奇蹟適合自己，畢竟小我認為「我們需要的」和「我們真正需要的」往往南轅北轍，所以我才一再強調，人應當認清自身的限度，不要自作主張，在一號系統和二號系統之間選定以後，剩下的便由聖靈來負責。「『決定能力』乃是困在世界的你所剩下的最後一點自由了」（T-12.VII.9:1）。你若是中了小我「紙牌三選一」的計，因而自廢武功，奇蹟便再也施展不出來了；但如果作出唯一重要的那個選擇，奇蹟便非你莫屬。

奇蹟──進步的標誌

　　修行的進程不僅無法精確測量，連方向是否正確都難以肯定。只因小我太會顛倒黑白，把人搞得神智昏瞶，無從辨明自己究竟是長進抑或退步，而且還說不定退步的程度遠比你我想像得更加嚴重。

> 你連進步或退步都分辨不清。你曾把自己幾個顯著
> 的進步評為失敗，卻把嚴重的退步視為成功。（T-
> 18.V.1:5~6）

幸好，奇蹟間或出現，能夠照亮回歸上主整體生命的道途，證明吾道不偏，讓人安心前行。

* * * * * * * * *

有一次，我這業餘人士給一位老飛行員當副駕駛，夜間乘坐小型雙引擎螺旋槳飛機前往楠塔基特島，接近終點時，突然遭遇濃霧，把我們整個悶在駕駛艙，能見度幾近全無，但是若要安全著陸，便須看清跑道上的燈光。我們繞來繞去，眼睛瞪大，死命搜尋，忽然在一個電光石火的瞬間，霧陣稀薄下來，我瞥見兩道閃光，似離弦之箭在下方劃過，旋即霧靄四合，燈光消失不見。飛行員聽我說明情況，立即開始降落，但我總覺得自己剛才有可能看走眼。

說不定一切只是我的想像？或是誤把霧氣反射的機燈當作了跑道燈光？我說出了心中疑慮，飛行員只是聳聳肩，不當回事，說他相信我的眼光。飛機繼續穿越雲霧，穩穩當當地下降，我卻只覺撞擊在即，身子發緊，琢磨自己的意識能否撐到墜機那一刻。突然之間，飛機完全衝出霧陣，跑道燈光有如結晶一般，稜角分明地出現在視線正下方，飛機輕輕著地，幾乎毫無顛簸，我大鬆了一口氣。

奇蹟也是如此，剛開始只是霧靄中乍現的一道微光，初見之時，還以為那不過是海市蜃樓，回頭又去使勁盯著迷

霧，找尋另一個奇蹟的蹤影。但是，隨著經驗漸長，你會信賴自己的慧眼，當奇蹟再度明明白白出現在霧氣重重的黑夜時，你知道自己安全無虞，就快到家了。

人人為我，我為人人

　　我們再來從人格分裂症切入，梳理一下人類的困境。想當初，人類跟上主的一體天心一刀兩斷，裂解為千百億看似殊異的獨立個體，成了永劫無心的分裂人格，可說是個個都患了分裂症，縱使不知道自己有病，終歸也是要醫治的。行走在人間，不得不苦苦尋路，跋山涉水，好似被人用槍頂住太陽穴，逼你玩抽棍子遊戲，稍有差池，便會擦槍走火，小命不保，反正我們從小受到的教育就是這樣耳濡目染來的。

　　好在有聖靈作幫手。祂既是翻山越嶺的可靠嚮導，又是人格分裂的最佳治療師，醫術無人能及，因祂出身於一體之境，同時又了解二元與分化的法則，故能在兩者之間牽線搭橋，教授一套分裂人生的新活法，讓人類攜起手來，重返一體生命。奇蹟就是祂其中一項秘方。

　　身為大治療師，聖靈懂得因病制宜，姑且將人類當作分裂個體，一對一治療，好將奇蹟奉上（前提是我們要給祂放行），移除橫梗在一體生命前面的障礙。假以時日，我們便

會放下個人的判斷，逐漸接受聖靈的慧見，而與祂同心同德，認清自己並非原先心目中的那個我，而是更大整體中的一份子，並且逐漸在每個人身上都看到同樣的偉大自性。原來，我與鄰人真是同一自性。

> 凡是接納聖靈目標作為自己目標的人，必然享有祂的慧眼。如今這慧眼非你莫屬，使你得以跟祂一樣看到祂的目標在每個祭壇上大放光明。祂眼中沒有陌生人，只有祂深愛的慈愛朋友。（T-20.II.5:3~5）

第四章已經點明，人間沒有任何目標足以將人真正團結在一起，除非那目標立足於屹立不搖的真理境界。聖靈給人的目標便是如此，有志加入祂療癒使命的便可成為祂的特派大使、祂的左右手（也可說是助理治療師）。

聖靈在協助你我的同時，也以完全相同的方式治療地球上其他所有分裂人格，治療深度全憑當事人的開放程度而定。我們已經見識到，有些分裂人格比較冥頑不靈；有些會滿懷感激主動接受治療；有些不僅抗拒治療，還加以破壞，或是想方設法地躲藏。無論當事人心境如何，聖靈都一視同仁，在祂眼中，病人只有一個，人間形形色色的病人都是這同一位病人的不同面向而已。祂的奇蹟看似特別眷顧某人，實則是為所有人而來，因為聖靈只著眼於眾生的一體性，祂的服務對象乃是眾生歸屬的同一自性。由此而言，奇蹟可謂是一體生命的迴響，朝團結一心邁出的一個步伐。

　　人類就像一排音叉，其中一人與奇蹟合鳴時，周遭之人往往也會有所感應，加入共振。正如《奇蹟課程》所揭示的那樣，當你認識的人經歷奇蹟，或是祈禱應驗時，你是否或多或少覺得同樣的事情也可能發生在自己身上？你是會覺得：「可惡！那個奇蹟應該給我才對，我現在已經窮途末路了。」還是會想：「咦？如果他們身上能出現奇蹟，我應該也可以吧？」

　　治療的目標就是整合與團結，一個人對於結合的恐懼減少半分，等於整體的恐懼減少了半分；一個人的障礙給奇蹟移除了，另一個人便也更願接受同樣的干預；一個人生活中的分裂化解了，全人類的分裂也就跟著修復了一點。一人得利必然帶動全體得利，因為他們在真理層次本就一體不分。

　　一位弟兄就等於所有的弟兄。一個心靈包含了所有的心靈，因每個心靈都是同一生命。這就是真理實相。（W-161.4:1~3）

小我的博弈

　　博弈理論把博弈分為兩種：零和博弈與非零和博弈。零和博弈即是所有步數加總起來只會得到零——什麼意思？博弈場上的資源是有限的（獨佔的資產、撲克籌碼等），一方

失利，另一方才能獲利。非零和博弈則不然，大家可以共贏
（或者共輸），所以零和博弈必定競爭激烈，非零和博弈則
導向合作。

　　按照這個標準，大多數棋牌遊戲都屬於零和博弈。小我
想贏，想佔上風，甘冒一敗塗地或是搞死他人的風險。小我
的世界就是一場大型的零和博弈，裡頭玩家如雲，都有個別
的身體和利益，衝撞勢所難免。我有，你就沒有；你拿了，
我就拿不到；我大方給你，自己就損失了。整套犧牲與罪咎
的概念於焉產生，本系列的後續書籍將會專題探討。

　　然而，小我熱中的零和博弈其實是個天大的笑話，它活
在上主所造的實相中，根本改變不了非零和的事實，汲汲營
營半天，自以為漁翁得利，其實只造成了集體的損失，整場
博弈沒有贏家！沒有一個人可以如願以償，也沒有一個人獲
得恆久的平安與幸福，更沒有人可以永生不死。結局是全體
喪生，唯一的贏家就是死亡。

　　相形之下，聖靈的救贖計畫（亦即救恩）則是坦坦蕩蕩
的非零和博弈，人人都在局中，遲早要從集體的夢中醒來，
重獲永恆的一體生命，故所有人都是贏家。

　　你可以把救恩想成快樂的孩子所玩的遊戲。是深愛
　　祂兒女的天父設計出來的，祂會用歡樂的遊戲來取
　　代他們可怕的玩具，教他們看出恐怖遊戲已經結束

了。祂的遊戲方式洋溢著歡笑，因為沒有人會輸。
參與遊戲的每一個人都會贏；而且只要有一人贏
了，所有的人都會共蒙其利。（W-153.12:1~4）

凡是讓人彼此更加和合，喚起永志一心的記憶，或是修
復人類之間似有還無的分野的，都能讓所有人共蒙其利。在
聖靈的治療方案中，一個分裂人格的療癒就是集體的療癒，
個人和集體同時獲益。為此之故，奇蹟的效力範圍不會囿於
個體的邊界，而是會遠遠向外延伸。一人得享奇蹟，眾生皆
會受益。

奇蹟……能夠感動許多與你緣慳一面的人，為遠在
天涯海角之人帶來不可思議的轉變。（T-1.I.45）

當你送出這些念頭祝福世界時，你無需意識到遠在
天涯海角的弟兄會與近在眼前的無數弟兄一併獲得
治癒。但你仍然感受得到自己的解脫，即使你未必
完全了解自己是不可能獨自解脫的。（W-132.16）

真是愈說愈顯出我們的無知。看來，唯有認清自己的斤
兩，實事求是，聖靈的治療計畫才能順利進行。祂一直同時
療癒著自性的各個部分、面向、形式、化身，我們每個人都
是集體當中不可或缺的小小片段，只要給聖靈開一道口子，
祂便會注入光明，照亮其中的黑暗，將分裂的團結在一起。

聖靈用不著我們奮身為祂開路，無所不能的祂，只求我

們給祂放行，祂才好在我們的生活裡大顯身手。《課程》早
有示警，矢志改善世界的舉動往往是受到誤導的結果，無論
發心如何良善，最終必然適得其反。因為目標找錯了，在果
的層次用功，卻無視起因，只設法改變幻相，卻不碰讓幻相
輪轉不止的心靈。

> 為此，不要設法去改變世界，而應決心改變你對世
> 界的看法。知見是果，不是因。這就是「奇蹟沒有
> 難易之分」的道理所在。（T-21.in.1:7~9）

世界只是永劫無心的二號系統運算出來的結果，若要加
以改變，便須從根上調整，處理天人兩隔的集體心靈分裂
症；而這個任務只有聖靈才能完成，因為祂通曉全局，你卻
一無所知，更沒有洞察的本事。

《課程》教導我們，我們的任務並非設法改變世界，而
是管好自己紊亂的心靈，送到聖靈那裡就醫，這才是我們應
該聚焦的唯一事情。

奇蹟志工的唯一責任即是親自接受救贖。（T-2.
V.5:1）

回心轉意，接受聖靈療癒分裂眾生的大計，追隨祂的指
引，你的任務僅此而已，改變世界也僅此一途。你無需操心
任務的進行方式，更不必評估進展和成效，那不是你我目前
的「等級」所能染指的。只需明白，當你扮演好自己的角

色，別人也更有可能因你而善盡職責，與你一起結合於足以
統合上主分裂兒女的共同目標。

> 世上每一個人都必須在救贖大業中善盡自己的一份
> 責任，才可能認出「原來世界早已得救」這一事
> 實。（T-12.VII.2:1）

根據《課程》的說法，娑婆世界便是如此終結的：沒有
轟天巨響，更無嗚咽之聲，人間會在光明、大愛以及歡聲笑
語中落幕，伴隨時空一同讓位於無限延伸的圓滿一刻。這是
全人類的共同命運，只待我們蛻去永劫無心，恢復永志一
心，重新覺醒於自己在上主之內的真實自性。

奇蹟資訊中心
出版系列：

《奇蹟課程》
（A Course in Miracles）——新譯本

　　《奇蹟課程》是二十一世紀的心靈學寶典，更是近年來各種心理工作坊或勵志學派的靈感泉源。中文版已在1999年由若水譯出，並由作者海倫‧舒曼博士所委託的「心靈平安基金會」出版。

　　新譯本乃是根據「心靈平安基金會」2007年所出版的「全集」，也是原譯者若水在「教」「學」本課程十年之後再次出發的精心譯作。全書分為三冊：第一冊：〈正文〉；第二冊：〈學員練習手冊〉；第三冊：〈教師指南〉、〈詞彙解析〉以及〈補編〉的「心理治療」與「頌禱」二文。新譯本網羅了《奇蹟課程》所有的正式文獻，使奇蹟讀者從此再無滄海遺珠之憾。（**全書三冊長達1385頁**）

《奇蹟課程》
〈學員練習手冊〉新譯本隨身卡

　　《奇蹟課程》第二冊〈學員練習手冊〉共三百六十五課，一日一課地，在力求具體的操練中，轉變讀者看事情的眼光，解開鬱積的心結。

　　若水由十餘年的奇蹟課程教學譯審經驗出發，全面重譯這部曠世經典。新譯版一本經典原文的精確度，語意更為清晰，文句更加流暢。精煉再三的新譯文，吟誦之，琅琅上口，饒富深意，猶如親聆J兄溫柔明晰的論述，每天化解一個心結，同享奇蹟。

　　為方便現代人在忙碌生活中操練每日一課，經三修三校的重譯版，首度以隨身卡形式發行，以頂級銅西卡精印，紙版尺寸8.5×12.6公分，另有壓克力卡片座供選購。（**全套卡片共250張**）

奇蹟課程導讀與教學系列

　　《奇蹟課程》雖是一部自修性的課程，只因它的理論架構博大精深，讀者常易斷章取義而錯失精髓，故奇蹟資訊中心陸續推出若水的導讀系列、米勒導讀，以及一階理論基礎及二階自我療癒DVD、其他演講錄音或錄影教材，幫助讀者逐漸深入這部自成一家之言的思想體系。

若水導讀系列

（一）《創造奇蹟的課程》（**全書272頁**）
（二）《生命的另類對話》（**全書272頁**）
（三）《從佛陀到耶穌》（**全書224頁**）

　　若水在這三冊中，解說《奇蹟課程》的來龍去脈與理論架構，透過問答的形式，說明崇高的寬恕理念如何落實於生活中；最後透過《奇蹟課程》的理念，闡釋佛陀和耶穌這兩位東西方信仰系統的象徵，在實相裡並無境界之別，而只有人心的「小我分裂」與「大我一體」的天壤之隔。

米勒導讀
《奇蹟半生緣》

　　一位慧心獨具卻不得志的記者，三十多歲便受盡「慢性疲勞症候群」的折磨，群醫束手無策，他在走投無路之下，不禁自問：「究竟是誰把我這一生搞得這麼慘？」

　　《奇蹟課程》讓他看到，自己竟是一切問題的始作俑者。他對這一答覆百般抗拒，直到有位心理治療師對他說：「恭喜你！你若讀得下這本書，大概就不需要心理治療了！」

　　《奇蹟半生緣》全書穿插作者派屈克‧米勒浮沉人生苦海的經歷，但他並不因此獨尊自身的經驗和詮釋，而以記者客觀實証的精神，遍訪散居全美各地的奇蹟講師與學員，甚至傾聽圈外人的質疑。本書可說是一部美國奇蹟團體的成長紀實。（**全書319頁**）

奇蹟課程有聲教學教材

　　奇蹟資訊中心歷年發行《奇蹟課程》譯者若水的演講錄音或錄影光碟，將《奇蹟課

程》的抽象理念與現實生活銜接起來，幫助讀者了解《奇蹟課程》的精髓所在，是奇蹟學員不可或缺的有聲輔讀教材，由於教材內容每年不盡相同，欲知詳情，請上網查詢。

www.acimtaiwan.info 奇蹟課程中文網站
QJKC1314 微信公眾號（官方賬號）

肯恩實修系列

《奇蹟原則50》

許多讀者久仰《奇蹟課程》之盛名，興沖沖地讀完短短的導言後，就忙忡在一條一條有如天書的「奇蹟原則」之前。讀了後句忘前句，「奇蹟」的概念好似漂浮在字裡行間，始終無法在腦海中落腳，以至於閱讀了一兩頁之後便後繼無力，難以終篇，竟至棄書而逃。

「奇蹟原則」前後五十條，其實是整部課程的濃縮，若無明師指點，讀者通常都不得其門而入。於今多虧奇蹟泰斗肯尼斯旁徵博引，以深入淺出而又幽默的答問形式，將寬恕與奇蹟的精神落實於生活中，為初學者乃至資深學員提供了一個實修的指標。（全書209頁）

《終結對愛的抗拒》

追尋心靈成長的人，學到某個階段往往面臨一個瓶頸：儘管修習多年，一遇到某種挑戰，就不自覺地掉回原地，因而自責不已。問題到底出在哪裡？

佛洛依德在他的臨床經驗中，驚異地發現，病人的潛意識中有「拒絕療癒」的本能，肯尼斯根據《奇蹟課程》的觀點，犀利地剖析人們「拒絕療癒或轉變」的原因，又仁慈地為讀者指出穿越小我迷霧的關鍵，由停滯不前的窘境中突圍。對於追尋心靈成長和平安的人而言，本書不但有提點指授的功效，更有當頭棒喝的力道。（全書109頁）

《親子關係》

坊間論及親子問題的書籍可謂汗牛充棟，泰半繞在親子關係複雜且微妙的糾結情懷，唯獨肯尼斯‧霍布尼克不受表象所惑，借用《奇蹟課程》的透視鏡，澈照出親子之間愛恨交織的真正關鍵。

本書表面上好似在答覆「如何教養子女」、「如何對待成年子女」以及「如何照顧年邁雙親」等具體問題，它其實是為每一個人點出我們在由「身為兒女」，到「照顧兒女」，繼而「照顧雙親」的艱苦過程，以及我們轉變知見時必然經歷的脫胎換骨之痛。（全書238頁）

《性‧金錢‧暴食症》

在紛紜萬象的世界裡，性、金錢與食物可說是人生問題的「重頭戲」，最易牽動小我的防衛機制，故也最具爭議性。作者肯恩沿用《奇蹟課程》中「形式與內涵」的層次觀念，針對性、金錢等等所引發的光怪陸離現象（形式），揭露它們背後一貫的目的（內涵）——小我企圖藉無止盡的生理需求，抹滅心靈的存在，加深孤立、匱乏、分裂等受害感，最後連吃飯、賺錢與性交都可能變成一種攻擊的武器。

肯恩與學員的趣味問答，反映出我們日常是如何受制於這些生理需求的；然而，我們也能藉聖靈之助，將現實挑戰化為人生教室，將小我怨天尤人的陰謀，轉為寬恕與結合的工具。（全書196頁）

《仁慈——療癒的力量》

這是一部針對奇蹟教師及資深奇蹟學員的實修指南。全書分上下兩篇，上篇列舉奇蹟學員常有的現象，例如以奇蹟之名攻擊他人，或以善意為由掩蓋自己批判的心態；下篇探討如何用仁慈的眼光來看待自己與他人的缺陷，教我們將自身的限制或缺陷轉為此生的「特殊任務」，在人間活出寬恕的見證，成為聖靈推恩的管道。（全書251頁）

《逃避真愛》

本書是針對道理全懂卻難以突破的資深學員而寫的，它一針見血地指出，綑綁我們修行腳步的，不是世界的黑暗，也非人間的牽絆，而是自己打造出來的一道心牆。

只因我們深怕真愛會消融了自己的特殊性，故把心靈最深的渴望隱藏到心牆之後，與之「解離」，在人間展開一場虛虛實實又自相矛盾的追尋。一邊痛恨小我的束縛，一邊又忙著為小我說項；以至於內心有一部分奮力向前，另一部分則寧可原地觀望。藉著裝傻、扭曲、辯駁，把回歸真愛的單純選擇

渲染成複雜又艱深的學問。

《逃避真愛》溫柔地解除了人心無需有的恐懼，讓我們明白心牆的「不必要」，陪伴我們無咎無懼地跨越過去。（全書156頁）

《假如二二得五》

從古至今，多少人心懷救苦救難的大志，傾注一生之力貫徹自身理想，卻往往受現實所囿而終不能及。我們這些凡夫俗子，亦不乏拼搏自救之心，然而在現實面前，還是屢屢敗陣，活得憋屈而無奈。問題究竟出在哪裡？

對此，本書剴切提出：整個世界其實一直按照 2＋2＝4 的「鐵律」來運作，萬物循著固定的軌跡盈虛盛衰，一切可謂「命中註定」，無怪乎歷史上的種種救世之舉皆以失敗告終。然而，《奇蹟課程》識破世界的詭計，小我既然使出 2＋2＝4 的苦肉計，它便祭出 2＋2＝5 的救贖原則，破解小我編織的羅網，溫柔地引領我們走出世界的幻境。本書即是教導我們，如何在貌似 2＋2＝4 的世界活出 2＋2＝5 的生命氣象，而且更進一步，迎向天地間唯一真實的等式 1＋1＝1。（全書171頁）

《駱駝‧獅子‧小孩》

本書書名出自德國哲學家尼采的代表作《查拉圖斯特拉如是說》裡的「三段蛻變」——駱駝、獅子、小孩。這則寓言提綱挈領地勾勒出靈性的發展過程，尼采的幾項重要論點，包括強力意志、超人、永劫輪迴，也在肯恩博士精闢的詮釋之下，與奇蹟學員熟悉的抉擇心靈、資深上主之師、小我運作模式等觀念相映成趣。

肯恩博士為奇蹟學員引薦這位十九世紀天才的作品，企盼在大家為了化解分裂與特殊性而陷入苦戰之際，可以由這本書得到鼓舞和啟發。我們終將明白，唯有「一小步又一小步」的前進，從駱駝變成獅子，再進一步蛻變為小孩，不跳過任何一個階段，才能抵達最後的目標。（全書177頁）

《奇蹟課程序言行旅》

如果說《奇蹟課程》是一首曠世交響曲，《序言》便奠定了整首樂曲的氣質與基調，不僅鋪敘出奇蹟交響樂的關鍵理念，還將讀者提昇到奇蹟形上思想的高度和意境，堪稱《正文行旅》最佳的暖身之作。

肯恩有如一流的樂評家，領著讀者，在宏觀處，領受樂章磅礡的主旋律，在微觀處，諦聽暗藏其中的千百種變奏，致其廣大，盡其精微，深入課程之堂奧，回歸心靈之家園。（全書121頁）

《正文行旅》（陸續出版中）

《奇蹟課程》在人類靈性進化史上的貢獻可謂史無前例，而《正文行旅》乃是《奇蹟課程釋義》三部曲的完結篇。肯恩由文學，詩體，音樂三重角度，依循各章節的主題，提供了「重點式」以及「全面性」的導覽，幫助學員深入奇蹟三昧，沉浸於智慧與慈悲之海。

這部行旅可說是肯恩一生教學的智慧結晶，奇蹟學員浸潤日久，必會如他所願：奇蹟，發自心靈，必將流向心靈。（第一冊335頁，第二冊314頁，第三冊331頁）

《學員練習手冊行旅》（陸續出版中）

整套《奇蹟課程釋義》的問世，可說是無心插柳。1998年起，肯恩應學生之請，為〈學員練習手冊〉做了一系列的講解，基金會將研習錄音增編彙整為逐句詮釋的〈練習手冊行旅〉。此案既定，〈正文行旅〉以及〈教師指南行旅〉應運而生，為奇蹟學員提供了最完整且精闢的修行指針，訂名為《奇蹟課程釋義》，幫助學員將〈正文〉理念架構所引伸出來的教誨，運用到現實生活中。這三部《行旅》，可說是所有踏上奇蹟旅程的學員最貼心的夥伴。

《學員練習手冊行旅》的宗旨，乃是幫助奇蹟學員了解三百六十五課的深意，以及它們在整部課程中的作用。更重要的是，幫助學員將每日一課運用於現實生活中，否則《奇蹟課程》那些震古鑠今之言可謂枉費唇舌，徒然淪為一套了無生命的學說。（第一冊346頁，第二冊292頁，第三冊234頁，第四冊337頁，第五冊289頁，第六冊289頁）

《教師指南行旅》
（共二冊，含《詞彙解析行旅》）

〈教師指南〉是《奇蹟課程》三部書的最後一部，它以「如何才是上主之師」為主軸，提綱挈領地梳理出〈正文〉的核心觀念，全書以提問的形式鋪敘而成，為其他兩部書作了最實用的補充。

肯恩在逐句解說〈教師指南〉時，環繞著兩個主題：「個別利益」對照「共同福祉」，以及「向聖靈求助」。因為若不懂得向聖靈求助，我們根本學不會「共享福祉」這門功課。當然，全書也穿插不少副題，如「形式與內涵」、「放下判斷」等等，就像貝多芬的偉大樂章那樣，不時編入數小節旋律，讓主題曲與變奏曲銜接得更加天衣無縫。肯恩說：「我希望藉由本書讓學員看出，耶穌是如何高明地把他的基本訊息串連為一個整體，一如交響樂以主旋律與變奏曲那般交叉呈現、迴旋反覆地將我們領上心靈的旅程。」（第一冊337頁，第二冊310頁）

羅森濤紀念專輯

《從失心到一心》

作者歷盡千帆，融合畢生經驗智慧，為後來人指點出路。議題精深幽渺，在作者筆下卻有聲有色、有滋有味，上至東西方宗教哲學、心理學、物理學、社會學、人類學、神經生物學，下至科幻電影、電腦技術、流行歌曲、童謠玩具，細緻入微，抽絲剝繭，全面解構世人習以為常的人生現實，一舉揭破「失心」的千古內幕，進而點出回歸「一心」的出離之途，讓讀者在人生苦旅走出一條充滿奇蹟與真愛的道路。（全書300頁）

《從情愛到真愛》

顧名思義，本書的主題即是「轉化關係」。何謂關係？又何謂關係的目的？羅森濤博士提出了嶄新的見解：關係並不僅僅是兩個乃至於多個特殊個人之間的相互關連狀態；而「關係的目的」所在，則是人藉著與他人的相互關連狀態，來從中學會如何在創造我們的真愛（也就是上主聖愛）的反射中，讓所有的關係都能大放光明。只要懷抱這個目標，關係不僅會轉化，並且是以某些看似不可思議的方式轉化，而那些方式是無法用理性來解釋或了解的。尤其是，那些關係的轉化並非由於我們的外在行為，而是由於我們的身分（聖愛），以及我們對真相的記憶。這正是《奇蹟課程》的獨有法門。（全書329頁）

《從恐懼到永恆》

本書是羅森濤系列著作的第三部作品。《奇蹟課程》引領我們踏上的這段旅程，絕非外在之旅，因為身體的層次只能在舊有的物質世界打轉；相反的，它，純屬一段內心之旅。在這過程中，我們的心靈學會了轉變對自我身分和本質的錯誤認知，讓我們覺醒於自己的靈性真相。這一真相永恆不易，不論我們做了什麼，也不論我們如何緊閉雙眼，拒它於千里之外，它都永不改變。要知道，我們沒有改變真相的能力，因為它出自上主的創造。為此，這段旅程其實就是「從恐懼到永恆」的旅程。（全書174頁）

其他出版品

《寬恕十二招》

《寬恕十二招》的作者保羅‧費里尼，有鑒於人們的想法與情緒反應模式，早已定型僵化，成了一種「癮」，不是一朝一夕可以化解得掉的。因此，他將《奇蹟課程》的寬恕理念，分解為十二步驟，一步一步地引導我們超越自卑、自責以及過去的創痛，透過自我寬恕而領受天地的大愛。這是所有準備好負起自我治癒之責的人必讀的靈修教材，也是曠世靈修經典《奇蹟課程》的輔讀書籍。（全書110頁）

《無條件的愛》

作者保羅‧費里尼繼《寬恕十二招》之後，另以老莊的散文筆法，細細描述我們每一個人心中都擁有的「無條件的愛」。他由大我的心境出發，以第一人稱的對話方式，直接與讀者進行心與心的交流，喚醒我們心中沉睡已久的愛，開啟那已被遺忘的智慧。此書充滿了「醒人」的能量，是陪伴你走過人生挑戰的最好伙伴。（全書215頁）

《告別娑婆》

宇宙從哪兒來的？目的何在？我究竟是什麼？為什麼會在這裡？我要往哪裡去？我該怎麼活在這個世界裡？當你讀完本書，會有一種「千年暗室，一燈即亮」的領悟。

全書以睿智而風趣的對話談當今世局、原子彈爆炸，一直說到真愛、疾病、電視新聞、性問題與股價指數等等，讓我們對複雜詭異的人生百態，頓時生出「原來如此」的會心一笑。它說的雖全是真理，讀起來卻像讀小說一樣精彩有趣，難怪一問世便成了西方出版界的新寵。（全書 527 頁）

《一念之轉》

作者拜倫‧凱蒂曾受十餘年的憂鬱症所苦，一天早上，她突然覺悟了痛苦是如何形成又如何結束的。由此經驗中，她發明了四句問話的「轉念作業」（The Work），引導你由作繭自縛中徹底脫身，是一本足以扭轉你人生的好書。（全書 448 頁，附贈轉念作業個案 VCD）

《斷輪迴》阿頓與白莎回來了！

繼《告別娑婆》走紅之後，葛瑞的生活形態發生重大的轉變，也面臨了更多的挑戰。葛瑞仍是口無遮攔地談八卦、論是非、臧否名流，阿頓和白莎兩位上師在笑談棒喝中，繼續指點葛瑞如何在現實挑戰下發揮真寬恕的化解（undo）功能，徹底瓦解我執，切斷輪迴之根。（全書304頁）

《人生畢業禮》

本書是保羅與Raj在1991年的對話記錄。對話日期雖有先後，內涵卻處處玄機，不論由哪一篇起讀，都會將你導入人類意識覺醒的洪流。

Raj借用保羅的處境，提醒所有在人間孤軍奮鬥的人，唯有放下自己打造的防衛措施，才可能在自己的心靈內找到那位愛的導師。也唯有從這個核心出發，我們才會與所有弟兄相通，悟出我們其實是一個生命。（全書 288 頁）

《療癒之鄉》

《療癒之鄉》中文版由美國「獅子心基金會」委託台灣「奇蹟資訊中心」出版。

作者羅實‧葛薩姜把《奇蹟課程》深奧又慈悲的教誨化為一套具體的情緒啟蒙和心靈復健課程，協助犯罪和毒癮的獄友破除心理障礙，學習處理人與人之間的衝突，調整情緒，建立自信，切斷「憤怒→攻擊→憤怒」的惡性循環。《療癒之鄉》陪伴無數受刑人度過獄中歲月。

《療癒之鄉》也是為所有困在自己心牢裡的讀者而寫的。世間幾乎沒有一人不曾經歷童年的創傷、外境的壓迫，以及為了生存而形成種種不健康的自衛模式。獄友的心路歷程給予我們極大的啟發，鼓舞我們步上心靈療癒之路。（全書 440 頁）

《我要活下去》

這本書不只是一本鼓舞信心的療癒指南，還是一個女人把自己從鬼門關前拉回來的真實故事。

作者朱蒂‧艾倫博士（Judy Edwards Allen, Ph.D.）原本是成功的專業顧問、大學教授、大學教科書作者，四十歲那年獲知罹患乳癌的「噩耗」，反而成為她生命的轉捩點，以清晰、熱情的文筆，記錄了她奮力將原始的求生意念成功地轉化為「康復五部曲」的歷程。讀者會看到她如何軟硬兼施地與醫生打交道，如何背水一戰克服無助感，又如何透過寬恕，喚醒內心沉睡已久的愛與生命力。最後，她終於超越自己對生死的執著，在這一場疾病與療癒的拔河大賽中，獲得了靈性的凱旋。（全書280頁）

《時間大幻劇》

人們對於時間，存在著種種截然不同的看法，比如：時間是良藥，可以癒合一切創傷；善惡終有報，只等時候到；時間是無情的殺手，終將剝奪我們的一切……人類早已視時間的存在為天經地義，戰戰兢兢地活在過去的懊悔、現在的焦慮和對未來的恐懼中。我們好似活在一座無形的牢籠裡，苟延殘喘，等待大限的到來。

《奇蹟課程》的泰斗肯恩博士曾說：「不了解時間，不可能讀懂《奇蹟課程》的。」他引經據典，將散落全書有關時間的解說，梳理出一個完整的思想座標，猶如點睛之龍，又如劃破文字叢林的一道靈光，讓我們

一窺《奇蹟課程》的究竟堂奧（究竟義）。此書可說是肯恩留給奇蹟資深學員最珍貴的禮物。（全書413頁）

《奇蹟課程誕生》

《奇蹟課程》的來歷究竟有何玄虛？為什麼它選擇經由海倫‧舒曼博士來到人間？它的記錄方式及成書過程，與它傳給人類的訊息有何內在關係？有幸親炙此書的我們，又該如何延續奇蹟精神的傳承？

不論你只是好奇《奇蹟課程》的精采傳奇，還是有心以「史」為鑒，窮究奇蹟的傳承精神，本書都提供了最可靠的第一手資料。作者因與茱麗、海倫與比爾等人交往密切，故受這些開山元老之託，冷靜而客觀地梳理《奇蹟課程》的記錄及成書經過，佐以三位奇蹟元老的親筆自白，融鑄成一部信實可徵的《奇蹟課程》誕生史，帶領讀者重新走過五十年前那段精采神奇的心靈歷程。（全書195頁）

《飛越死亡的夢境》

本書榮獲美國出版界著名的「活在當下書籍獎」（Living Now Book Awards），全書以嶄新的視角詮釋曠世靈修經典《奇蹟課程》的教誨，為讀者剴切指出「起死回生」的著力點。

作者特別選取在人間每個角落不時作祟的「死亡陰影」入手，揭露小我抵制永恆生命的伎倆。作者以親身的經歷為奇蹟作證，並且提供了極其實用的反省練習，解除我們潛意識中對死亡的恐懼，為百害不侵的生命本質開啟了一扇門，真愛與喜悅得以流過人間，讓奇蹟成為日常生活裡「最自然的事」。（全書524頁）

國家圖書館出版品預行編目資料

羅森濤紀念專輯之一:從失心到一心/羅伯特·羅森
濤(Robert Rosenthal)著;王詩萌譯 -- 初版 -- 臺中
市:奇蹟課程有限公司奇蹟資訊中心,2024.07
　　面;　　公分
　譯自:From NEVER-MIND to EVER-MIND
　ISBN 978-626-96278-6-8(平裝)

1. CST: 靈修

192.1   113009549

羅森濤紀念專輯之一
從失心到一心
From NEVER-MIND to EVER-MIND

作　　者　羅伯特·羅森濤(Robert Rosenthal)
譯　　者　王詩萌
責任編輯　李安生
校　　對　李安生　黃真真　吳曼慈
封面設計　不倒翁視覺創意工作室
美術編輯　陳瑜安工作室
出　　版　奇蹟課程有限公司·奇蹟資訊中心
　　　　　台中市潭子區福潭路143巷28弄7號
聯絡電話　(04)2536-4991
劃撥訂購帳號　19362531　戶名　劉巧玲
網　　址　www.acimtaiwan.info
電子信箱　acimtaiwan@gmail.com

印　　刷　世和印製企業(02)2223-3866
經銷代理　聯合發行公司
　　　　　電話(02)2917-8022 # 162
　　　　　　　(03)212-8000 # 335

定　　價　新台幣 320 元
出版日期　2024 年 7 月初版

ISBN　978-626-96278-6-8